Kursbuch 201
Menschenskinder!

Klimaneutral
Druckprodukt
ClimatePartner.com/12752-1803-1001

Zum Ausgleich für die entstandene CO_2-Emission bei der Produktion dieses Buches unterstützen wir die Erhaltung und Wiederaufforstung des Kibale-Nationalparks in Uganda. Das Projekt trägt zum Klimaschutz bei, indem die Bäume bei der Fotosynthese Kohlenstoff aus der Luft binden, es schützt die Biodiversität des tropischen Waldes und sichert 260 Arbeitsplätze.

Das Kursbuch erscheint viermal im Jahr.
Das Heft kostet einzeln € 19,–
Das Jahresabo (4 Ausgaben) kostet € 60,–
Im Internet: https://kursbuch.online

Kursbuch Kulturstiftung gGmbH
Miramar-Haus, Schopenstehl 15, 20095 Hamburg
Tel.: 0 40/39 80 83-0
V. i. S. d. P.: Peter Felixberger
© 2020 Kursbuch Kulturstiftung gGmbH, Hamburg

ISBN 978-3-96196-130-6
ISSN 0023-5652

Lektorat: Luise Ritter
Herstellung und Gestaltung: Murmann Publishers GmbH, Hamburg
Druck: Steinmeier GmbH & Co. KG, Deiningen
Printed in Germany

Zuschriften bitte per Mail an: kursbuch@kursbuch.online
Abonnenten-Service: abonnements@kursbuch.online
Pressevertrieb: PressUp GmbH, Wandsbeker Allee 1, 22041 Hamburg. www.pressup.de

Armin Nassehi
Editorial

Alle waren einmal Kinder, manche sind es noch, viele dürfen es nie sein. Was Kinder aber genau sind, wissen wir nicht. Dies fasst in etwa zusammen, was in diesem *Kursbuch* zu finden ist. Der Marker *Kind* schleppt mehr Eindeutigkeit mit sich herum, als auf den zweiten Blick deutlich wird und werden kann. Denn was wir mit Kindern verbinden, ist stets imprägniert von Vorstellungen, von Projektionen, von historischen Bildern und gesellschaftlichen Strukturen, in denen Kinder vorkommen. Das gilt nicht nur für die Vorstellungen von, sondern auch für den Umgang mit Kindern, dafür, was ihnen widerfährt, was wir ihnen widerfahren lassen und was sie selbst tun und lassen. Das ist eine offenkundig widersprüchliche Formulierung, weil sie nach der Relativierung des Kindlichen in Bezug auf seine gesellschaftlichen und kulturellen Antezedenzbedingungen eben doch von Kindern spricht, die da sind, mit denen wir täglich zu tun haben. Kinder sind überall anwesend – und doch fällt es schwer, genau zu sagen, womit wir es mit ihnen zu tun haben.

Wem dieser Einstig ins Thema zu verschroben klingt, lese den Beitrag von Doris Bühler-Niederberger, der eine skeptische Lesart der Frage nach der Kindheit anbietet: *Hat es sie wirklich gegeben?* Kinder ja, aber Kindheit? Letztlich ringen die meisten Beiträge dieses *Kursbuchs* um diese Frage, um die Frage der gesellschaftlichen Bedeutung von Kindern beziehungsweise Kindheit als Kategorie, etwa als rechtliche Kategorie im Beitrag von Anne Röthel, die am Beispiel von Kinderrechten das Verhältnis von Rechtsgeltung und Rechtswirklichkeit abklopft. Der Beitrag von Marita Metz-Becker über Kindsmord rekonstruiert in historischer Perspektive bei aller kulturhistorischen Veränderung eine starke Kontinuität der Form der Kindstötung. Gottfried Schweiger behandelt die kindspezifischen Aspekte sozialer Ungleichheit. Und Ernst Pöppels kurzer Essay stellt die Kindheit in eine Kontinuität auch mit dem späteren Leben des Menschen. Der Hirnforscher rekonstruiert Sozialisation als eine Art Freiheitsberaubung: Das Gehirn wird in seiner inneren Freiheit durch äußere Parameter eingeschränkt, für Pöppel eine tragische Figur, denn es ist eine notwendige Einschränkung, die gerade in der Kindheitsphase eine besonders formende Kraft auf das Individuum ausübt. Mein eigener Beitrag fragt nach dem Verhältnis der Infantilisierung öffentlicher Rede, symbolisiert etwa in der kindischen Sprache der Werbung, zum Kindlichen. Und in dem Interview, das wir mit dem StoryDOCKS-Geschäftsführer Till Weitendorf und der Kinderbuchautorin Kirsten Boie geführt haben, geht es ebenfalls um die Frage, ob und wie das spezifisch Kindliche bestimmbar ist und was das für Kindermedien bedeutet. Peter Felixbergers Kolumne FLXX begibt sich auf die Suche nach der verlorenen Kindheit – und wenn ich es richtig verstanden habe, wird er wenigstens teilweise fündig: in der Gegenwart.

Zwei Beiträge seien besonders hervorgehoben, weil sie beide auf eine besondere Weise erschütternd und ungewöhnlich sind. Der eine ist die außergewöhnlich lange Fotostrecke in diesem *Kursbuch*. Auf 64 Seiten zeigen wir Fotografien von zwei Fotografinnen und fünf Fotografen aus aller Welt, die Kinder in auf den ersten Blick nicht kindlichen oder nicht kindgerechten Situationen darstellen – bei der Arbeit, im Krieg, im Haushalt, auf Müllhalden, in Uniform oder als Erwachsene verkleidet. Man muss nicht viel über die Bilder sagen – die Fotografen beschreiben ihr Tun selbst, und die Bilder erzeugen eine Faszination dadurch, dass sie die Spannung zwischen der gesellschaftlichen Rolle und dem Sosein als Kind sichtbar machen. Fast bestätigen die Bilder die eher theoretische Erkenntnis, dass es so etwas wie Kindheit nicht als eigenständige Kategorie gibt, weil sie ja offenkundig Kinder in Situationen und Posen darstellen, die das Kindliche negieren, teils gewaltsam, oder zumindest den Kategorien widersprechen, die wir üblicherweise an das Kindliche anlegen. Zugleich aber dementieren die Bilder diese These, denn sie zeigen in jedem einzelnen Fall ganz offenkundig dies: Kinder. Ohne Wenn und ohne Aber.

Der andere Beitrag ist der posthume Brief an Joshua von Monika Führer. Sie ist Professorin für Kinderpalliativmedizin an der Universität München und Leiterin des Kinderpalliativzentrums unserer Universität, das sie selbst aufgebaut hat. Ich kenne Monika seit vielen Jahren, und sie ist einer der beeindruckendsten Menschen, denen ich je begegnet bin. Der Brief richtet sich an einen ehemaligen Patienten, der mit 14 Jahren gestorben ist und das Besondere sterbender Kinder auf den Begriff bringt – und die wirklich segensreiche Form einer Krankenbehandlung am Lebensende, deren größtes Kompliment Monika darin sieht, kein Krankenhaus zu sein, wie sie in der kurzen Erläuterung zu ihrem Brief schreibt. Wir danken ihr sehr für dieses äußerst persönliche Dokument, auch den Eltern von Joshua für ihre Einwilligung, den Brief im *Kursbuch* zu veröffentlichen.

An den Lebensanfang führt uns die Schriftstellerin Christine Nöstlinger in ihrem Beitrag, den wir im Rahmen der *Kursbuch Classics* aus *Kursbuch* 72 aus dem Jahre 1984 unter neuer Überschrift nachdrucken. Diese Aufzeichnungen bestätigen sehr schön jenen Weg der notwendigen Freiheitsberaubung des Kindes durch die Gesellschaft, von der Ernst Pöppel in seinem Beitrag spricht.

Schließlich danken wir Birgit Franz für den 28. Brief einer Leserin.

Birgit Franz
Brief einer Leserin (28)

Als Leserin bringt mich der Themenschwerpunkt dieses *Kursbuchs* schnell zur Frage, welchen Stellenwert das Lesen in unserem Menschsein hat. Ich vermute forsch, es geht Ihnen wie mir: Sie können sich ein Leben ohne Lesen und, im engeren Sinne, ohne Bücher nicht vorstellen. Doch was für uns so selbstverständlich ist, scheint für heutige Heranwachsende seine Selbstverständlichkeit zu verlieren. Lesen ist kein genetisch verankertes Programm, sondern eine erlernte Kulturtechnik. Dass wir es überhaupt tun, ist bereits revolutionär. Missverständlich wird es heute zu oft mit einer reinen Freizeitbeschäftigung gleichgesetzt, de facto aber lesen wir in Zeiten der Informationsflut mehr denn je. Eine Studie aus Kalifornien kommt zum Ergebnis, dass der Durchschnittsbürger sich täglich mit 34 Gigabyte, verteilt auf verschiedene Geräte, konfrontiert sehe.[1] Das entspricht einem Buch von fast 400 Seiten Umfang.[2]

Lesen lernen wir in der Kindheit. Bücher waren dort bislang das zentrale Medium. Auch ihre Erfindung war einst eine Revolution, eine Revolution überholt von der nächsten, der digitalen? *Kinder brauchen Bücher* hieß die deutsche Ausgabe des 1982 erschienenen und lange Zeit als Standardwerk der Leseforschung geltenden Buchs von Bruno Bettelheim.[3] Aus dem Faktum der 1980er-Jahre ist im Zeitalter digitaler Mediennutzung – ungeachtet obiger Ergebnisse zum Lesen – eine Frage geworden: *Brauchen Kinder Bücher?* titelte jüngst ein Kolloquium an der Universität Mainz. »Wozu brauchen Kinder noch Bücher?«, fragte Katrin Hörnlein in der *Zeit* noch provokativer.[4]

Die Erkenntnisse der internationalen Forschergruppe E-READ, zusammengefasst in der Stavanger-Erklärung kommen zu einer klaren Antwort auf diese Frage: Ja, wir brauchen Bücher, weil wir auf digitalen und gedruckten Medien unterschiedlich lesen: »Die Forschung zeigt, dass Papier weiterhin das bevorzugte Lesemedium für einzelne längere Texte bleiben wird, vor allem, wenn es um ein tieferes Verständnis der Texte und um das Behalten geht. Außerdem ist Papier der beste Träger für das Lesen langer informativer Texte. Das Lesen langer Texte ist von unschätzbarem Wert für eine Reihe kognitiver Leistungen wie Konzentration, Aufbau eines Wortschatzes und Gedächtnis.«[5]

Auch die Leseforscherin Maryanne Wolf verweist auf den fundamentalen Unterschied zwischen digitalem und vertieftem Lesen. Auf die Frage, warum wir das Bücherlesen nicht verlernen dürfen, gibt sie eine sehr eindringliche Antwort: für unsere Gesellschaft. Denn vertieftes Lesen fördert die Empathie und die Fähigkeit, die Perspektive anderer einzunehmen, »eine unabdingbare Voraussetzung in einer Welt, in der immer mehr Kulturen, immer häufiger aufeinandertreffen.«[6] Während das schnelle Lesen Informationen im Arbeitsgedächtnis abspeichert, werden sie beim vertieften Lesen im Langzeitgedächtnis abgelegt und helfen, Neues mit vorhandenem Wissen abzugleichen, kritisch zu analysieren und Rückschlüsse zu ziehen. Es ist unser Schutz vor leichter Beeinflussbarkeit und Fake News.[7]

Die vierte Klasse bildet so etwas wie eine Demarkationslinie beim Lesenlernen. Daher untersucht die IGLU-Studie im Ländervergleich das Leseverhalten von Zehnjährigen.[8] Zuletzt mit erschütternden Ergebnissen: Fast ein Fünftel der deutschen Schüler kann nicht gut genug lesen, um den Text auch zu verstehen. Ein Grund mehr für die Kinderbuchautorin und ehemalige Grundschullehrerin Kirsten Boie, mit der Hamburger Erklärung »Jedes Kind muss lesen lernen!« politisch aktiv zu werden: »Lesen ist noch immer DIE Schlüsselqualifikation für die Teilhabe an der Gesellschaft. Die betroffenen 18,9 % der Kinder werden einmal unsere Erwachsenen sein. Neben den Folgen, die eine fehlende Lesefähigkeit für jeden Einzelnen von ihnen haben wird, sind auch die Folgen für die Gesellschaft insgesamt erschreckend. Ohne die Möglichkeit, einen qualifizierten Beruf zu erlernen, werden die meisten dieser Menschen vermutlich jahrzehntelang auf staatliche Unterstützung angewiesen sein.«[9]

Wenn Kinder mit Ende des Grundschulalters nicht fließend lesen gelernt haben, so fasst Maryanne Wolf die Erkenntnisse der Kognitions- und Leseforschung auf sehr eindringliche Weise zusammen: »Sie sind im Grunde für alles, was mit Bildung und Lernen zu tun hat, verloren. Tatsächlich werden viele dieser Kinder abgehängt [...]. Die Strafvollzugseinrichtungen sämtlicher Bundesstaaten quer durch Amerika wissen ein Lied davon zu singen. Manche darunter gründen ihre Hochrechnungen für den künftigen Bettenbedarf auf die Lesestatistiken von Dritt- und Viertklässlern.«[10]

Lesen ist das Fundament für alles: schulischen Erfolg, gesellschaftliche Teilhabe, die eigene beruflich zufriedenstellende Laufbahn und persönliche Weiterentwicklung, also für das Menschsein. Lesenlernen ist eine Präventivmaßnahme für gesellschaftliche Folgekosten, so wirksam und zwingend wie gesundheitliche Prävention. Umso mehr wundert es, dass das Quartett aus Eltern, Schulen, Bibliotheken und Buchbranche mit diesem Thema weitgehend sich selbst überlassen bleibt. Das Engagement der Wirtschaft, die über Azubis klagt, die nicht ordentlich lesen und schreiben können, ist, gelinde gesagt, zurückhaltend. Denn Lesen taugt wenig als PR. Lesen ist eine individuelle Sache und längst nicht so medienwirksam wie Sport, Kunst, Theater oder Tanz. Und nachhaltige Initiativen der Politik fehlen noch immer. In die Bresche springen zwar unzählige Leseförderer, kreativ und engagiert, aber oft ehrenamtlich und fast immer begrenzt durch fehlende finanzielle Mittel.

Lesen ist wie Fahrrad fahren, man kann es erst genießen, wenn man nicht mehr über die Technik nachdenken muss. Im Zeitalter der digitalen Revolution brauchen wir die Revolution des Lesens mehr denn je. Menschenkinder brauchen Bücher. Für ihre und für unsere Zukunft. Sorgen wir dafür.

Anmerkungen

1 Studie am Global Information Industry Center der University of California in San Diego, zitiert in: Maryanne Wolf: *Schnelles Lesen, langsames Lesen. Warum wir das Bücherlesen nicht verlernen dürfen.* München 2019, S. 97.

2 34 GByte entsprechen in etwa 100 000 Wörtern. Ausgehend von der vom Duden ermittelten Durchschnittslänge eines deutschen Wortes von 6,9 Buchstaben und einer Normseite von 1800 Anschlägen.

3 Bruno Bettelheim: *Kinder brauchen Bücher. Lesen lernen durch Faszination.* Stuttgart 1982.

4 Katrin Hörnlein: »Wozu brauchen Kinder noch Bücher?«, in: *Zeit online* vom 20.03.2019. https://www.zeit.de/2019/13/lesen-kinder-buecher-bildschirm-analog-digital [zuletzt abgerufen am 29.01.2020].

5 Stavanger-Erklärung der Forschungsinitiative E-READ, abgedruckt in *FAZ online*, aktualisiert am 22.01.2019. https://www.faz.net/aktuell/feuilleton/buecher/themen/stavanger-erklaerung-von-e-read-zur-zukunft-des-lesens-16000793.html [zuletzt abgerufen am 29.01.2020].

6 Maryanne Wolf, a. a. O., S. 67. Menschen, die lesen, sind netter, als die, die nicht lesen, ist das Ergebnis einer Studie der Kingston University, London. Sie sind höflicher, empathischer und verhalten sich sozial angemessener. Vgl. auch: »The Language Nerds: People who read books are nicer than those who don't, study finds«. https://thelanguagenerds.com/people-who-read-books-are-nicer-than-those-who-dont-study-finds/ [zuletzt abgerufen am 29.01.2020].

7 Maryanne Wolf, a. a. O., S. 76.

8 Anke Hußmann, Heike Wendt, Wilfried Bos, Albert Bremerich-Vos, Daniel Kasper, Eva-Maria Lankes, Nele McElvany, Tobias C. Stubbe, Renate Valtin (Hrsg.): »IGLU 2016 Lesekompetenzen von Grundschulkindern in Deutschland im internationalen Vergleich«, nachzulesen unter anderem auf der Website der Kultusministerkonferenz. https://www.kmk.org/fileadmin/Dateien/pdf/PresseUndAktuelles/2017/IGLU_2016_Berichtsband.pdf [zuletzt abgerufen am 29.01.2020].

9 »Jedes Kind muss lesen lernen! Hamburger Erklärung«. Nachzulesen unter anderem auf der Website von Lesenetz Hamburg. https://www.lesenetz-hamburg.de/sites/default/files/Hamburger%20Erkl%C3%A4rung_Jedes%20Kind%20muss%20lesen%20lernen_150818.pdf [zuletzt abgerufen am 29.01.2020].

10 Maryanne Wolf, a. a. O., S. 193.

Monika Führer
Wenn ein Kind stirbt
Brief einer Palliativärztin

Lieber Joshua,

es sind noch ein paar übrig von den glutenfreien Schnitten mit der schrecklichen Cremefüllung. Ich bin mir sicher, Du hast sie auch nicht gemocht. Eigentlich kann man die nur essen, wenn es gar nichts anderes gibt – so als Lebensretter kurz vor dem Verhungern.

Essen, das richtig schmeckt und nicht nur so tut, das hast Du Dir gewünscht, als Du mit Birga, unserer wunderbaren Psychologin, über das Sterben gesprochen hast. Du hast gesagt: »Wenn ich weiß, dass ich nicht mehr lange lebe, dann will ich Brezen essen, echte Brezen mit Butter drauf.« Und dann hast Du das auch gemacht, und uns die Bilder geschickt von Deinem Festessen. Du hast die Brezen gegessen, und wir alle haben gedacht, hoffentlich geht das gut. Weil Du uns ja alle überrascht hast, als Du nach den vier Wochen auf der Kinderpalliativstation nach Hause gegangen bist. Vier Wochen gebe ich Euch, hast Du am Anfang gesagt, als es Dir so schlecht ging. Deine Leber war auch noch krank geworden, durch das Medikament, das wir Dir gegen das viele Wasser in Deinem Körper gegeben haben. Es war ein Versuch, verbunden mit ganz viel Hoffnung, dass es Dir vielleicht dadurch wieder für ein paar Jahre, vielleicht auch nur Monate besser gehen könnte. Es war auch ein Risiko. Deine Leber war durch Dein krankes Herz schon sehr belastet, aber Du wolltest es wenigstens versuchen. Der dicke Bauch, das viele Wasser, das Dir die Luft bei jeder kleinsten Anstrengung genommen hat, das hat Dich so verzweifelt und wütend gemacht. Einmal konntest Du nicht mehr allein ins Bett klettern, und als eine Krankenschwester versucht hat, Dich in das Bett zu heben, hast Du aufgeschrien vor Schmerz, denn jede Berührung tat Dir weh, und vor Verzweiflung, und das tat noch viel mehr weh.

Du hast immer wieder etwas hergeben müssen. Körperlich waren Dir Deine kleinen Brüder schon bald überlegen. Irgendwann konntest Du beim Fußballspielen auch als Torwart nicht mehr mithalten. Selbst längere Zeit zu stehen war einfach zu anstrengend. Und die beiden wurden immer geschickter und schneller und größer, und dabei warst Du doch der Älteste von Euch dreien. Ja, schon, natürlich wolltest Du auch dazugehören, wenn Dein Vater und die beiden auf den Fußballplatz gingen. Aber irgendwie tat es Dir weh, nur noch zuzuschauen. Das konntest Du nicht mehr gut verbergen, nicht immer so tun, als ob es Dir Freude macht, im Rollstuhl dabeizusitzen.

Irgendwann hast Du gemerkt, dass Du nicht mehr so gut denken kannst. Im Denken warst Du immer vorn, da hatten Deine Brüder keine Chance. Du hast gewonnen, wenn Ihr Memory gespielt habt, und hast geschummelt beim UNO, und sie haben Dich nicht erwischt. Du hast die Regeln neu erfunden, und sie haben Dir geglaubt, dass das schon immer so war. Und dann hast Du Deine eigenen Regeln vergessen. Die Hausaufgaben in der Schule fielen Dir immer schwerer, und manchmal hast Du sie auch einfach vergessen – nicht absichtlich, aber Du hast Dich geschämt. Es war Dir peinlich, dass Du immer so müde warst und Dich nicht mehr konzentrieren konntest. Eigentlich wolltest Du keine Extrawurst, Du wolltest sein wie die anderen Kinder in Deiner Klasse.

Mit Dir hab ich meinen ersten Star Wars-Film, die Episode I, gesehen. Du hast uns alle eingeladen, die Schwestern, die Ärzte, die Therapeuten – einige sind sogar extra aus ihrem freien Tag gekommen. Wir wussten alle, wie wichtig es Dir war, und dass es vielleicht keine zweite gemeinsame Episode geben würde. Popcorn und Limo – und der Held ein Junge, dem außer dem Jedi und seiner Mutter keiner zutraut, dass er dieses mörderische Rennen und damit seine Freiheit gewinnt. Du warst verzweifelt, als wir es zuerst einfach nicht hinbekamen, die richtige Sprache zu wählen. Immer wieder begannen die Dialoge auf Englisch. Und Du wolltest doch, dass wir verstehen, warum Dir dieser Film so wichtig ist. Ich weiß *nicht mehr, wer es nach all dem wilden Probieren dann endlich geschafft hat – plötzlich lief der Film auf Deutsch. Du hast uns jede Figur erklärt, diese Welt voll seltsamer Wesen, klein, groß, mit den unterschiedlichsten Gesichtern und Körpern.*

Deinen Kampf hast Du schon seit Deiner Geburt geführt. Mit nur einer Herzkammer geboren, hast Du nur mithilfe der modernen Apparatemedizin überlebt. Für Dich bedeutete das unzählige Tage im Krankenhaus, große Operationen, Schmerzen und Angst.

Lange Zeit haben Deine Eltern für Dich entschieden. Sie haben versucht, Deine Krankheit einzubauen in Euer Familienleben und die Medizin irgendwie auf Abstand zu halten, nachdem klar war, dass es keine Heilung für Dich geben würde, nur einen Aufschub. Wie lange, das konnte kein Arzt beantworten.

Als Dein Bauch immer dicker wurde durch das Wasser und Du immer öfter in die Klinik musstest, haben die Kollegen aus dem Herzzentrum bei uns angerufen. Ich kann mich noch gut an unseren ersten Hausbesuch bei Euch erinnern. Nein, wir waren nicht wirklich willkommen. Bisher konnte Deine Mutter den Gedanken an Deine Krankheit wenigstens zum Teil in der Klinik lassen, und jetzt verfolgten Ärzte und Krankenpfleger Euch sogar bis nach Hause. Es hat eine ganze Zeit gedauert, bis Deine Eltern uns vertraut haben. Das Kinderpalliativteam kommt zu uns – das erzählt man nicht eben mal der netten Nachbarin, die zum Kaffee kommt und sich so gerne um Dich und Deine Brüder kümmert. Der Name unseres Teams hat Deine Mutter erschreckt.

Du hattest schon mehrere schwere Krisen, die schlimmste war Deine Lungenblutung. »Da hatte ich richtig Angst, da hab ich nicht gewusst, was sie mit mir machen und ob das wieder gut wird«, so hast Du das Gefühl später beschrieben. Bisher konnten die Ärzte im Herzzentrum Dir immer wieder helfen. Du hast sie alle gut gekannt, ihnen vertraut, und hast mit ihnen um jeden Tag geschachert, den Du in der Klinik bleiben musstest. Das war unser Eintrittsticket. Wir haben alles mitgebracht – die Eiweißinfusionen, den Ultraschall, sogar ein Minilabor. Nicht mehr in die Klinik für die Infusionen, das hat dann sogar Deine Mutter überzeugt.

Und dann musstest Du gerade an Weihnachten zu uns auf die Kinder-
palliativstation am Klinikum Großhadern. Der Kommentar Deines Vaters:
»Wenigstens müssen wir nicht ins Krankenhaus.« Deine Mutter hatte
schnell in einen großen Korb alles eingepackt, was sie für das Weihnachts-
essen brauchte. Mein hilfloser Versuch, sie zu trösten, scheiterte krachend.
Sie brauchte alle Kraft und auch den Zorn auf uns Ärzte und unsere lee-
ren Versprechungen, um weiter zu funktionieren und trotz der riesigen Ent-
täuschung für Dich und Deine Brüder Weihnachten zu feiern.

Die Verschlechterung kam schleichend. Auch wir haben uns im Team
immer wieder darum gedrückt, das anzuerkennen. Deine Haut wurde im-
mer empfindlicher, jede kleinste Schramme wollte ewig nicht heilen. Die
Stufen hinauf in Dein Zimmer im ersten Stock fielen Dir immer schwerer.
Deine Sätze wurden kürzer, die Luft reichte nicht mehr. Wir haben disku-
tiert, mit Spezialisten telefoniert, haben uns mit Dir und Deinen Eltern
gefreut, wenn es Dir für ein paar Wochen wieder etwas besser ging. Lange
schon hast Du Morphin gebraucht, für Deine Atemnot und die Schmer-
zen. Du hättest Dich bei uns nie beklagt, über Deine Krankheit, die Schmer-
zen, die immer schlimmer wurden, über das Wasser in Deinem Bauch,
das Dir das Atmen schwer machte. »Sauer bin ich eigentlich nicht auf
meine Krankheit«, hast Du einmal der Reporterin gesagt, als sie diesen
berührenden Film über Dich gedreht haben, den ich immer noch in mei-
nen Vorträgen zeige.

Nur wenn wir wieder einmal mit neuen Ideen kamen, die Deinen Speise-
plan noch weiter eingeschränkt hätten, dann hat sich Deine Mutter vor
Dich gestellt und für Deine Lebensqualität gekämpft. Die glutenfreie Diät,
die Du zusätzlich wegen Deiner Zöliakie einhalten musstest, hat Dir viel
Verzicht abverlangt.

Deine Enttäuschung und Deine Wut haben manchmal Deine Brüder
abgekriegt. »So sollen sie ihn nicht in Erinnerung behalten«, mit diesem
Satz Deiner Mutter wurde mir zum ersten Mal klar, dass sie sich doch
mit Deinem Sterben auseinandersetzte, auch wenn es ihr immer schwer-
fiel, darüber zu sprechen. Du hast immer gerne gesprochen, hast versucht,
so Deine Angst und Deine Trauer zu kontrollieren. Das waren dann die

Kopfgespräche, wie sie Birga genannt hat. Damit hast Du alle beeindruckt. Es war, als wolltest Du die dunklen Mächte der Krankheit im Sprechen besiegen. Du warst ein Jedi-Ritter, und Dein Lichtschwert war die Sprache. Jedi-Ritter geben nie auf.

Mit Birga hast Du auch Herzgespräche geführt. Aber eigentlich hat die Gespräche ja Fridolin geführt, Deine Froschpuppe und gleichzeitig Dein Stellvertreter. Er durfte all das sagen und fragen, was Dir zu viel Angst gemacht hätte. Fridolin war bei den Gesprächen dabei, als wir Dir und Deinen Eltern sagten, dass wir uns Sorgen machen. »Wenn Ärzte ratlos sind, das hat schon etwas zu bedeuten«, hat Fridolin nach so einem Gespräch gesagt. »Der Körper schafft das Leben nicht mehr?«, hat Fridolin gefragt und die Ärztin hat genickt. Das war hart und schwer zu begreifen. Du hast geweint, und Fridolin konnte nichts mehr sagen. »Ich habe Angst, dass ich dann nicht mehr atmen kann, dass ich Schmerzen habe oder dass es wieder blutet.« Du wolltest wissen, wie wir Dir helfen können. Und dass wir Dir sagen, wenn nicht mehr viel Zeit bleibt. Irgendwann hast Du Birga gefragt, ob sie auch »hinterher« noch zu Deinen Eltern fahren wird. Das hat sie Dir versprochen.

Du hast Dich gut vorbereitet. Die Menschen, mit denen Du über Deine Gefühle, Deine Ängste und Deinen Glauben sprechen wolltest, hast Du Dir gut ausgesucht. Und dann kam Dein Tod doch plötzlich. Unbegreiflich, für Deine Eltern, auch für uns. Unbegreiflich wird der Tod immer bleiben.

Joshua wurde 14 Jahre alt. Er ist eines von etwa 3000 Kindern und Jugendlichen, die in Deutschland jedes Jahr an schweren Erkrankungen sterben. Viele dieser Kinder leiden an einer angeborenen Krankheit, oder sie erleiden eine schwere Schädigung des Gehirns bei der Geburt oder durch einen Unfall. Die großen Fortschritte in der Kinderheilkunde haben in den letzten Jahrzehnten dazu geführt, dass Kinder mit schweren Erkrankungen heute deutlich länger leben. Kinder mit Krebserkrankungen können in bis zu 80 Prozent der Fälle geheilt werden. Und auch wenn die Krankheit unheilbar ist, leben viele der Kinder über zehn Jahre und länger mit ihrem Tumor oder ihrer Leukämie.

Auch bei vielen anderen lebensverkürzenden Erkrankungen hat sich die Überlebenszeit deutlich verlängert.

Was bedeutet das für die Kinder und ihre Familien? Zunächst mehr gemeinsame Zeit, was sich alle wünschen. Zeit, zu leben wie andere Kinder. Es bedeutet aber auch, mit der Krankheit aufzuwachsen, mit der ständigen Angst vor dem nächsten Rückfall, der nächsten Komplikation, vor dem frühen Tod. Es bedeutet leben mit stundenlangem Warten in Ambulanzen, Wochen im Krankenhaus, manchmal wiederkehrende Aufenthalte auf der Intensivstation. Solange Heilung noch möglich ist, sind Eltern und Kinder meist bereit, all das auf sich zu nehmen. Aber was ist, wenn die Krankheit unaufhaltsam fortschreitet und die Heilungsmöglichkeiten verschwinden?

Dann brauchen die Kinder und ihre Familien ein Netz, das ihnen erlaubt, möglichst lange zu Hause zu bleiben – in der Gewissheit, dass rund um die Uhr Ärzte und Pflegende bereitstehen, um in Krisensituationen zu helfen. Das ist die Aufgabe der ambulanten Kinderpalliativteams, die es mittlerweile in ganz Deutschland gibt, inzwischen fast flächendeckend. Die Teams fahren oft 100 Kilometer und mehr, um es den Kindern zu erlauben, angstfrei zu Hause zu bleiben. »Nie mehr ins Krankenhaus« ist ein Satz, den man von den Familien oft hört.

Und wenn es doch so schlimm wird, dass es zu Hause nicht mehr geht, dann gibt es in Deutschland einige wenige spezialisierte Kinderpalliativstationen, die versuchen, für die Kinder die bestmögliche medizinische Versorgung anzubieten und gleichzeitig ein »Zuhause auf Zeit« zu sein. Oft werden diese Stationen, trotz aller Medizintechnik, gar nicht als »Krankenhaus« wahrgenommen – so auch von Joshuas Vater. Und das ist vielleicht das größte Kompliment, das uns die Familien machen können.

Christine Nöstlinger

Was Neugeborene wollen

Die ersten 448 Tage[*]

1. Tag

Heute, gegen 0:30 Uhr, hat man mich aus dem dunklen Warmen ins helle Kalte hinausgepreßt. Zuerst wollte ich mich gegen diesen Transport zur Wehr setzen, weil ich mich in meiner Lage recht ordentlich etabliert hatte und auch weil ich ein Geburtstrauma für mich befürchtete. Doch dann kapierte ich, daß ich eine sogenannte »Hausgeburt« war, und beschleunigte meinen Austritt aus dem Mutterleib, so gut und so heftig ich nur konnte, um das erhöhte Risiko, das Hausgeburten für Mutter und Kind darstellen, in erträglichen Grenzen zu halten.

Mein Vater war bei meiner Austreibung zugegen und begrüßte mich gleichermaßen verstört wie freundlich. Die Anwesenheit und Mithilfe dieses Mannes bei meiner Geburt war mir sehr willkommen, weil es ihm dadurch besser gelingen wird, eine Beziehung zu mir aufzubauen, und ich von Anfang an also zwei fixe Bezugspersonen haben werde; was vor allem dann sehr nützlich werden könnte, wenn meine Mutter einmal abhauen sollte. Dann sitze ich wenigstens nicht mit einem Vater da, der mit mir nichts anzufangen weiß. Für den Fall allerdings, daß es mein Vater sein sollte, der einmal abhauen wird, stehe ich dann schön blöd da und wesentlich belämmerter als andere Kinder, die von Anfang an zu ihren Vätern keine Beziehung haben. Ihr Leid nämlich hält sich durch diesen Umstand bei seinem Abgang in erträglichen Grenzen.

Im Moment ist mir ziemlich langweilig. Ich liege nackend auf meiner Mutter nacktem Bauch, der noch ein ziemlich faltiger ist, herum. Das ist wichtig für mich, sagen sie. Zuerst im Bauch, dann auf dem Bauch! So werden bei mir Entzugserscheinungen vermieden, die ich kriegen könnte, wenn ich plötzlich das mütterliche Herzensticktack nimmer hören kann.

7. Tag

Da ich ausschließlich mit Muttermilch ernährt werde, dürfte ich eigentlich weder Blähungen noch Leibschneiden haben. Da ich aber trotzdem Blähungen und Leibschneiden habe, diskutieren meine Eltern und mehrere Freunde von ihnen im Nebenzimmer darüber, ob man mir Kümmeltee oder Kamillentee verabreichen solle. Aber auch die Kümmelanhänger und die Kamillenanhänger haben untereinander Differenzen. Sie sind sich nicht einig, ob man mir ganz normale, also chemisch gespritzte Ware aufkochen darf, oder ob man aus einem Reformhaus biologisch reinen Tee holen soll.

Außerdem ist Streit um meine Verpackung ausgebrochen. Um die Windeln geht es! Mein Vater möchte mich ohne diese aufziehen. Er sagt, ich läge in ihnen wie in einem permanenten Priesnitz-Umschlage, und das müsse sich – auf die Dauer gesehen – feucht auf mein Gemüt legen. Meine Mutter versteht das, aber sie wendet ein, daß man mir, hielte man mich windellos, ein Stück Plastik zwischen Laken und Matratze schieben müßte. Und da meine Mutter für »Jute statt Plastik« ist, was aber in diesem Falle keine Lösung sein kann, beharrt sie auf der Windelverpackung.

Ungewiß ist auch noch, ob sie mich bei einer Religion einschreiben lassen werden. Eigentlich wollen sie nicht. Doch meine Mutter hat eine Großmutter, und die ist bereit, mir als Starthilfe fürs Leben zwei Hektar Fichtenwald zu überschreiben. Meine Mutter meint, daß ihre Großmutter einem ungetauften Kinde keine Starthilfe wird geben wollen. Mein Vater will deshalb auf meinen Wald verzichten. Der Preis sei zu hoch, sagt er.

Ich hätte gern zwei Hektar Fichtenwald! Es beruhigt, ein wohlhabendes Kind zu sein. So oft mein Vater zu diesem Problem seine Meinung kundtut, schreie ich aus Leibeskräften. Leider versteht er mich nicht.

14. Tag

Mein Nabel bekümmert meine Eltern. Er näßt gelblich. Weh tut er nicht. Die alte Frau, die die zwei Hektar Wald anzubieten hat, will meinen Nabel mit Cibazol-Puder einstäuben. Meine Mutter blättert in einem Buch, das ein sehr »natürliches« ist, und liest aus diesem vor, daß Zinnkrauttee gegen Gelbes, Nässendes anzuwenden sei. Die alte Frau, die · mich bei einer Religion haben will, protestiert gegen den Zinnkrauttee, weil Tee naß ist und mein Nabel trocken traktiert werden soll. Sie schimpft auf das natürliche Buch. Nie im Leben, sagt sie, hätte sie das Studium ihrer Enkeltochter subventioniert, wenn sie geahnt hätte, daß schließlich und endlich nichts rausschaut aus der Bildung als ein unwissenschaftlicher Rückschritt auf Zinnkraut.

Mir ist mein Nabel wurscht! Viel mehr stört mich, daß sie mir eine leere Klopapierrolle in die Windel gepackt haben. Die steckt quer vor meiner Möse und spreizt mir die Beine. »Breit gewickelt« heißt das und wirkt vorbeugend gegen Hüftluxation.

Gebe der Himmel oder sonst wer, daß sie mir nicht auch noch Hakenfüße diagnostizieren! Sonst kriege ich Bandagenklumpfüße, die mir zwar für spätere Zeiten einen aufrechten Gang garantieren, mich aber im Moment am lustbetonten Strampeln hindern würden.

Gestern war die Katze bei mir im Bett. Sie ist länger und breiter und höher als ich. Sie hat sich quer über meinen Bauch gelegt und geschnurrt. Als mein Vater die Katze in meinem Bett endlich bemerkte, hat er sie weggenommen und sie in ein anderes Zimmer getragen. Aber mit Bekümmerung mußte ich feststellen, daß er die Sache nicht ernst genug genommen hat. Die Katze nämlich, davon bin ich überzeugt, will mir ans Leben! Wenn sie wiederkommt und sich nicht quer, sondern längs auf mich drauf legt, ist es aus mit mir, Ehrenwort!

28. Tag

Die Haut am Bauch meiner Mutter macht mir Sorgen. Die Falten nämlich verschwinden nicht. Und häßliche violette Streifen sind auch am Bauch; obwohl die Frau dreimal am Tag turnt und Creme in den Bauch einmassiert. Wenn der Bauch so bleibt, wie er ist, kann sie nie mehr einen Bikini tragen und wird mir das – völlig unterbewußt natürlich – auf ewig zum Vorwurf machen.

Meine Mutter ist überhaupt viel hintergründiger, als von innen her zu ahnen war. Wenn nur die Hälfte von dem stimmt, was ihr mein Vater heute vorgehalten hat. Er hat behauptet, der Wunsch nach mir sei in ihr eigentlich bloß durch berufliche Frustration entstanden. Weil man sie – als Frau – daran hindere, wirklich »Karriere« zu machen, habe sie nach anderen »Werten im Leben« ausgeschaut. Ich bin so ein Wert. Andererseits behauptet eine Freundin meiner Mutter, daß ich nur deswegen auf der Welt bin, weil meine Mutter die Pille gegen die »Lunaception« eingetauscht hat und die Lunaception nicht funktioniert hat, obwohl sie die beste und natürlichste Empfängnisverhütung ist, weil sie mit dem Mond und den Gezeiten arbeitet.

Mich kränkt dieses Gerede ein wenig. Was freilich etwas zu sentimental ist. Schließlich ist statistisch längst erwiesen, daß das Quantum von Zuneigung, das ein Kind im Leben erhält, nicht von dem Quantum an Sehnsucht abhängt, mit dem es herbeigesehnt wurde.

56. Tag

Seit vorgestern bin ich ein römisch-katholisches Kind. Meine Mutter und ich haben den Wald gegen meinen Vater durchgesetzt. Die kalte Kirche und das kalte Wasser, das mir der Pfarrer über den Kahlschädel geschüttet hat, haben mir einen Schnupfen eingetragen. Für jemanden, der das Schneuzen noch nicht erlernt hat, ist ein Schnupfen die Hölle!

Ich sollte in viel frische Luft, sagt meine Mutter. Frische Luft ist gut gegen den Schnupfen. Aber die Luft, die es hierorts gibt, ist nicht sehr frisch. Fährt man mich im Kinderwagen herum, bin ich so weit unten am Boden, daß ich die ganzen Abgase in die Lunge kriege. Mein Vater hat gemeint, es sei klüger, mich gar nicht auszufahren, sondern mich bloß auf den Balkon zu stellen. Der Balkon ist im achten Stockwerk. Da sind die Abgase schon etwas dünner. Doch leider werden unser Haus und alle anderen Häuser rundherum mit Schweröl beheizt. Wie sie mich vom Balkon hereingeholt haben, war ich von Rußflankerln schwarz getupft. Dabei ist der Dreck, den man sehen kann, hat meine Mutter gesagt, noch gar nicht der wirklich gefährliche Dreck.

Meine Mutter träumt davon, einen Bauernhof zu kaufen, damit ich eine ordentliche Luft kriege. Einen in einer kalkreichen Landschaft. Wegen der Bäume. Wo nämlich viel Kalk im Boden ist, wird der saure Regen besser neutralisiert. Dort sind die Nadelbäume fast noch ganz grün.

Mein Vater sagt, er muß sich erst einen anderen Beruf ausdenken, damit er auch von einem Bauernhof träumen kann.

112. Tag

Ich hege den Verdacht, daß meine arme Mutter einen echten »Still-Tick« entwickelt. Sie genießt es so, sagt sie. Es hat sinnliche Qualitäten für sie, die ihr neu und zutiefst bedeutend sind. Sie hat drei andere Frauen kennengelernt, die gleicher Ansicht sind und glücklicherweise auch Säuglinge dazu haben. Jetzt treffen wir uns immer zu einer »Stillrunde«.

Ich schätze den Vorgang des Stillens natürlich auch. Sogar über die Nahrungsaufnahme hinaus, rein zum Spaß, lege ich noch gern ein Nuckel-Viertelstündchen zu. Bloß sollte meine Mutter nicht jede meiner Unmutsäußerungen dahin gehend deuten, daß ich an ihre Brust will. Mutterbrust ist auch nicht alles im Babyleben!

Meinen roten Hintern – zum Beispiel – kann ich ja eventuell durch lustvolles Nuckeln eine Zeitlang vergessen. Aber heil wird mein roter Hintern davon nicht.

Die Frau mit der Religion und dem Wald ist dafür, daß meine Mutter mit dem Stillen aufhört. Wir sind ja nicht im Mittelalter, sagt sie. Sie sagt, das lange Stillen gehöre in die gleiche alte Schublade wie das Zinnkraut für den Nabel.

Ich überlege mir ernsthaft, ob ich nicht wirklich – etwa durch Verweigerung der Mutterbrust – auf Kuhmilch in Flaschen umsteigen soll. Dies überlege ich aber nicht aus meiner Urgroßmutter Sinneshaltung und auch nicht etwa deshalb, weil durch das Stillen – wie eine Freundin meiner Mutter argwöhnt – meine Mutter Hängebrüste bekommen könnte. Mir geht es um den Bleigehalt in der Muttermilch, Kuhmilch ist weniger giftig! Aber die Entscheidung, ob ich mehr hinter meinem psychischen Heil oder meinem körperlichen Befinden her sein soll, ist sehr schwierig.

224. Tag

Heute haben mich meine Eltern in der Schule angemeldet, was nur dem sonderbar vorkommen kann, der nicht weiß, welches Gedränge um Schulplätze an besseren und ein bißchen alternativen Schulen herrscht.

Meine Eltern haben sich die Entscheidung, mich in sechs Jahren nicht in eine normale Staatsschule zu schicken, wirklich nicht leicht gemacht. Politisch gesehen, sind sie nämlich sehr dagegen und finden es richtig, daß Kinder aller Schichten und Klassen miteinander in eine Klasse gehen, um von vornherein füreinander Verständnis zu bekommen.

Aber meine Mutter hat dann gemeint, daß wir ohnehin in einer »Scheißbürgergegend« wohnen, wo ich in der Staatsschule gar keinen Querschnitt durch die Klassen und Schichten, sondern nur »bürgerliche Stücke« um mich hätte. Und da hat mein Vater dann gemeint, daß es im Interesse des Klassenkampfes sogar besser sei, mich alternativ einzuschulen. Da wird mir nämlich nicht schon im Kindesalter das Rückgrat gebrochen, da kann ich mich ordentlich fortschrittlich entwickeln. Und wenn ich dann die Schule hinter mir habe, bin ich schon so groß und stark und selbstbewußt, daß ich den Kampf gegen die Zustände aufnehmen kann.

448. Tag

Abgesehen davon, daß ich heute zum ersten Mal ohne hilfreiche Hand ganz allein einen Raum aufrecht durchquert habe – was ein sehr stolzes Gefühl ist –, habe ich seit voriger Woche eine Kinderfrau, weil meine Mutter wieder ihren Beruf aufgenommen hat. Mein Vater hat in der letzten Zeit damit geliebäugelt, seinen Beruf aufzugeben, um ausschließlich für mich und die Haushaltsführung zuständig zu werden. Diese nette Idee war aber leider aus finanziellen Gründen nicht in die Tat umzusetzen, weil man meiner Mutter für ihre Arbeitsleistung weit weniger bezahlt als meinem Vater für die seine. Es wäre ein Hungertuch geworden, an dem wir hätten nagen müssen! Aber was meine Mutter verdient, geht jetzt zu 90 Prozent auf das Kinderfrauengehalt drauf (inklusive Sozialversicherung und andere Arbeitgeberabgaben). So gesehen, wäre es ökonomischer, meine Mutter würde mich weiter betreuen. Aber sie sagt, wenn sie ihren Beruf nicht gleich jetzt wieder aufnimmt, dann ist sie weg vom Fenster und hat den Anschluß verpaßt und kriegt in ein paar Jahren keinen Job mehr, der Aussichten auf Aufstiegschancen hat. Und dann wird sie eine unausgefüllte Person und fällt mir zur Last, weil sie ihre ganze Unausgefülltheit in die Kindererziehung stecken und mir damit sehr auf den Nerv fallen würde.

Ich rechne damit, daß ich bald eine andere Kinderfrau haben werde. Und daß die nächste auch nicht die letzte sein wird. Meinen Eltern paßt die Art, in der ich da fremdbetreut werde, überhaupt nicht. Es ist nämlich so, daß sie jetzt schon sehr schief schauen, weil die Kinderfrau immer sagt, daß ich »ein braves Mädi« sein soll. Und mir alles verbietet. Und nicht mag, daß ich mit den Händen in den Spinat patsche. Und auf den Topf setzt sie mich auch andauernd.

Wenn das so weitergeht mit dieser Rollenfixierung und dieser Analfixierung und dieser grauslichen Triebsublimierung, ist die ganze schöne freie Aufzucht, an der meine Eltern so schwer gearbeitet haben, im Arsch!

Mir wäre am liebsten, mein Vater würde mich großziehen. Eine amerikanische Studie hat nämlich ergeben, daß Kinder, von Vätern betreut, einen viel höheren IQ entwickeln als weiblich umhegte Kinder. Und ein gewisses Leistungsbewußtsein, das muß ich ehrlich zugeben, macht sich – weiß der Kuckuck wieso – schön langsam in mir breit.

PS: Eben habe ich laut und deutlich mein erstes Wort ausgesprochen. RIESENWASCHKRAFT habe ich gesagt! (Seit ich eine Kinderfrau besitze, schaue ich regelmäßig das TV-Nachmittagsprogramm an.)

Somit bin ich also sprechend geworden und geistig-verbal in eine Entwicklungsphase getreten, die mir die Aufzeichnung von weiteren Tagebuchnotizen nicht mehr gestattet.

* Der Text erschien zuerst in *Kursbuch 72 Die neuen Kinder* im Juni 1983 unter der Überschrift »Aus den Aufzeichnungen eines Neugeborenen«. Abdruck mit freundlicher Genehmigung von Christine Nöstlingers Buchstabenfabrik Nachlassverwertungs GmbH, Wien. www.christine-noestlinger.at

Doris Bühler-Niederberger

Warum es Kindheit nicht gibt

Eine skeptische Geschichte des Aufwachsens

Von keiner anderen Bevölkerungsgruppe glaubt man so genau zu wissen und spricht man so oft davon, was sie »brauche«, »was ihr nütze« oder umgekehrt »nicht brauche«, ihr sogar »schade«, wie von den Kindern. Nicht die Kinder selbst haben da verkündet, dass sie etwas bräuchten: geregelte Schlafens- und Essenszeiten, Gemüse, die viel beschworenen »Grenzen« oder gar eine Ohrfeige. Auch was sie nicht bräuchten, was ihnen sogar schade, haben wir nicht von ihnen erfahren. Wenn sich die Ansichten darüber geändert haben, dann sind es die der Erwachsenen, die darüber befinden. Diese entschieden zum Beispiel in Deutschland im Jahr 2000, also reichlich spät, dass die Ohrfeige nun doch schade, obgleich doch so lange galt, sie habe noch keinem geschadet. Nicht auf der Basis einer einfühlsamen Beobachtung der Kinder und ihres Wohlbefindens wurde entschieden, wie Kinder aufwachsen sollen – das war nur selten der Fall. Auch ein Wissen, was sich in jedem Fall auf die Entwicklung der Kinder – in welcher Weise auch immer – auswirke, stand nur in beschränktem Maß dahinter; selbst wenn ein beachtlicher Markt durch die Behauptung erschlossen wurde, über ein solches Know-how zu verfügen. In früheren Zeiten war die Art des Aufwachsens ohnehin vor allem der Not geschuldet, und noch heute ist das in manchen Ländern und für manche Kinder der Fall. Sofern es aber eigentliche »Programme des Aufwachsens« gab – Vorgaben, was es wann und wie für eine angemessene Entwicklung zu tun und zu lassen gelte –, standen sie überwiegend im Dienst *anderer* Interessen und also eben auch der Interessen dieser *anderen*. Damals wie heute.

In diesem Sinne gilt: Kindheit hat es nie gegeben, sofern Kindheit als eine Zeit verstanden werden will, die ihren eigenen Raum sucht und einnimmt und die darauf angelegt ist, den Bedürfnissen, die konkrete Kinder in bestimmten Lebensumständen haben, so weit als möglich Rechnung zu tragen. Jedenfalls gab es das nicht als eine Lösung, die allgemein akzeptiert worden wäre. Einzelne, besonders glückliche Kinder, denen die Umstände und wohlmeinende, mutige Erwachsene die viel beschworene »glückliche Kindheit« ermöglicht haben, sind ausgenommen. Es ist nicht ganz einfach, sich eine solche Kindheit vorzustellen, zugegeben, aber man hat sich eben auch selten darum bemüht. Nicht erstaunlich ist also, dass man auch nach Missachtung und Gewalt, die Kindern angetan wurde, nicht lange zu suchen braucht. Der Historiker Lloyd deMause spricht in seiner Geschichte der Kinder vom »Albtraum, aus dem wir gerade erst erwachen«[1] – und das Fragwürdigste an dieser Aussage ist sein Optimismus in Bezug auf die Gegenwart. Denn noch immer – so zeigen es die Opferstatistiken und entsprechende Studien – sind Kinder die am stärksten viktimisierte Bevölkerungsgruppe. Erschreckend ist nicht nur das hohe Maß an Gewalt, sondern auch die Häufigkeit, mit der sie nicht zur Kenntnis genommen wird.[2]

Ein Gang durch die Geschichte des Aufwachsens soll zeigen, welche Interessen ausschlaggebend waren bei der gesellschaftlichen Ausgestaltung dieser Lebensphase, wie sie durchgesetzt wurden, wer davon profitierte und wer schon früh auf die schlechten Plätze verwiesen wurde und es heute noch wird. Dabei interessieren nicht die gelegentlich beeindruckenden Gedanken, die zu Kindern angestellt wurden, die jedoch ihre Situation nicht nachhaltig beeinflussten. Es interessieren die Institutionen: die überdauernden und weitreichenden Lösungen, die geschaffen wurden. Zunächst aber soll sichtbar gemacht werden, dass unsere Vorstellung des Aufwachsens nicht naturgegeben ist – durch einen Blick über den Gartenzaun.

Radikale Pädagogisierung

»Die kleinen Kinder in Kirgisistan [...] sie wachsen daher wie das Gras auf der Wiese«, zitierte ein kirgisischer Universitätsdozent im Interview während meiner Feldforschung in diesem Land die Volksmeinung. Er hatte in Deutschland studiert, in seinem Bücherregal fanden sich deutsche Erziehungsratgeber, an denen er und seine Frau sich bei der Erziehung der Töchter orientierten. Im Kinderzimmer entdeckte ich Lernspiele, Zeichenmaterial und ein kleines Aquarium. Mit seiner Aussage wollte er anmahnen, dass man kleine Kinder gezielt fördern müsse, was aber zu wenig geschehe, weil – bei Eltern und Staat – die Einstellung dominiere, dass Kinder von selbst wachsen, wie das Gras auf der Wiese eben. Als gebildeter, welterfahrener Mann hatte er die westliche Vorstellung übernommen, dass Kinder sich nur dann gut entwickeln, wenn sie gezielt gefördert werden, wenn jede Situation ihres Lebens erzieherisch gestaltet wird.

Ich fragte 60 Mütter von Kindergartenkindern im Land – und wer seine Kinder dahin schickt, gehört zu den besonders Interessierten in Sachen Erziehung –, wie sie in Situationen reagieren, die Mütter in Deutschland schwierig finden. Zum Beispiel, wenn das Kind im Geschäft unbedingt etwas möchte – Süßigkeiten oder sonst etwas – und man das als Mutter nicht gewähren lassen will, das Kind aber quengelt und schreit. Ich erntete verständnislose Blicke, und mit der Zeit kannte ich die Antwort schon, die ich bekommen würde: Wenn sie Geld haben, kaufen sie ihm das Ersehnte, und wenn sie keins haben – das kommt leider oft genug vor –, kaufen sie es nicht. So einfach ist das. Jede westliche Mutter aber hat gelernt, dass man sich das nicht so einfach machen darf: Das Kind muss Grenzen kennenlernen, schon früh und aus Prinzip, muss verzichten lernen, darf nicht verwöhnt werden. Nachdrücklich wird ihm erklärt, dass man ihm das »schon dreimal« gesagt habe; es lernt dann gleichzeitig verzichten und zählen. Nicht dass kleine Kinder in Kirgisistan nichts lernen. 61 Kindergartenkinder zwischen drei und sechs Jahren erzählten uns beim gemeinsamen Spielen mit dem

Puppenhaus – das wir mitgebracht hatten –, wie ihr Tag abläuft. Nur neun berichteten nicht von ihrer Mithilfe im Haushalt, die anderen zählten auf, welche Aufgaben sie schon übernehmen: Sauber machen im und um das Haus, in der Küche helfen, kleinere Kinder hüten, Tee servieren, auf dem Land kamen noch Wasser holen und Feuerholz sammeln dazu.[3]

Das Beispiel soll nicht dazu verleiten, eine bestimmte Form des Aufwachsens zu verklären. Dazu gibt es keinen Grund, die kleinen Kinder in Kirgisistan erleben genügend Härten. Es will nur darauf aufmerksam machen, wie sehr in unserer Vorstellung des Aufwachsens die Annahme dominiert, die Entwicklung des Kindes beständig vorantreiben zu müssen. Nicht zu unserem privaten Nutzen – die Menge der Frauen, die sich bei uns den Tee durch die Kindergartenkinder servieren lässt, ist überschaubar –, sondern zur Erfüllung unserer Pflicht und Schuldigkeit als Eltern. Das gilt selbst da, wo dies zunächst Unfrieden oder gar Gebrüll hervorruft, dort vielleicht sogar ganz besonders. Wenngleich wir uns natürlich von der »schwarzen Pädagogik« verabschiedet haben und geduldig neben einem brüllenden Kind aushalten – mitfühlend, aber konsequent –, ist es das, was die gesellschaftliche Vorstellung der angemessenen Kindheit ausmacht, ein Konzept, das in seiner Anwendung beständig radikalisiert wird.

Folgerichtig verbringen Frauen im Tagesverlauf mit ihren Kindern mehr und mehr Zeit, trotz eigener Berufstätigkeit, vor allem für »Betreuungsarbeit«, dazu gehören Körperpflege, Unterstützung beim Lernen, Vorlesen, Spiele im oder außer Haus, Arztbesuche mit dem Kind, gemeinsame Fahrzeiten.[4] Eine repräsentative Studie in Deutschland zeigt, Elternschaft wird als intensive Verpflichtung gesehen: Man muss sich viele Gedanken machen, um der Aufgabe gerecht werden zu können. Das sagen mehr als 80 Prozent der Befragten. Und Mütter sollen nachmittags den Kindern beim Lernen helfen; vor allem die Frauen selbst sind dieser Ansicht, ebenfalls zu über 80 Prozent.[5]

Philippe Ariès: Die Neuzeit entdeckt das Besondere des Kindes

Wie hat sich diese Vorstellung einer notwendigen und umfassenden Förderung und Erziehung etabliert? Wie wurde sie zur verpflichtenden Vorgabe für die Eltern und vor allem die Frauen, die doch andererseits noch nie so gut gebildet waren wie heute? Man muss am Ausgang des Mittelalters ansetzen, um diesen Prozess nachzuvollziehen, nämlich bei Philippe Ariès und seiner *Geschichte der Kindheit*, die darauf aufmerksam macht, wie drastisch sich Mentalitäten verändern können. Man habe in der mittelalterlichen Welt kaum eine Vorstellung von der Besonderheit des Kindes gehabt, so Ariès' These. Die Kinder hätten sich schnell vom Rockzipfel der Mutter oder Amme entfernt und seien dann zu den Erwachsenen gezählt worden. Sie hätten Arbeit und Spiele mit den Erwachsenen geteilt und also auch vor allem in einem Verhältnis der »Lehre« gelernt, indem sie den Erwachsenen bei ihren Verrichtungen halfen.[6] Mit der Neuzeit – also grob ab dem 16. Jahrhundert, wobei Ariès bei der Bestimmung der zeitlichen Abfolge vage bleibt – habe sich das gewandelt. Familien und Schulen hätten das Kind immer mehr als ein zu beschützendes Wesen verstanden, einen Zögling, den sie von anderen Altersgruppen abschotten wollten. Es seien Moralisten gewesen, die Beachtung für die Besonderheit der Kinder forderten und die damit letztlich das Ziel verfolgten, eine ordentliche Gesellschaft zu schaffen.

Ariès wurde durch die Historikerzunft kritisiert, seine Aussagen zur Absenz einer Vorstellung vom Kind im Mittelalter wurden relativiert. Unbestritten bleibt jedoch, dass mit der beginnenden Neuzeit Forderungen laut wurden, Familien und Schulen für ein neues, stärker kontrolliertes Aufwachsen in die Pflicht zu nehmen. Die Kritik machte sich auch an seiner Behauptung fest, dass die Eltern vor der Neuzeit ihren Kindern gegenüber gleichgültig gewesen seien. Über die Frage, ob und wie sehr Eltern ihre Kinder lieben, sind mancherlei Bücher geschrieben worden. Hier nur so viel als Quintessenz: Die Liebe zu den Kindern ist nicht an ein bestimmtes Erziehungsmuster gebunden. Man findet in allen Zeiten Zeichen der Elternliebe, aber auch der Gleichgültigkeit. In früheren Zeiten war es kein unbedingtes Gebot, seine Kinder zu lieben. Viele Mütter gaben ihre Kinder zu Ammen, die oft sogar weit entfernt lebten, sodass sie die Kinder über Jahre kaum sahen. Auch wohlhabende Frauen taten das, um ihr gesellschaftliches Leben nicht zu sehr einzuschränken. Die Frauen konnten das so oder anders halten, die Ehemänner überließen ihnen die Entscheidung. Erst ab dem 19. Jahrhundert wurde die Mutterliebe zur Norm, der man entsprechen musste.

Die Männer der Kirche, die Obrigkeit und die Kinder

Hinter dem Einsatz der Moralisten für ein anderes Aufwachsen habe das Interesse an der gesellschaftlichen Ordnung gestanden, sagt Ariès. Das lässt sich am Beispiel der Reformatoren und dem, was man als ihr »pädagogisches Projekt« bezeichnen kann, deutlich machen. Sie waren der Ansicht, dass in Kindern viel Sünde stecke, dass sie schnell verdorben seien und dieses Verderben dann auch über die Welt brächten, halte man sie nicht mit guter Zucht von ihrer Schlechtigkeit zurück. »Natura mali« seien die Kinder, war Martin Luther überzeugt.[7] Andreas Althamer, ein Schüler Luthers, sah in ihrer Niedertracht den Grund für die hohe Kindersterblichkeit, denn Tod sei nun einmal der Sünde Lohn. Allerdings waren die Reformatoren überhaupt von der Schlechtigkeit der Welt und der Menschen überzeugt. Die Visitationen, mit denen sie landauf, landab die Zustände in ihren Gegenden überprüften, bestärkten sie in dieser Einstellung. Die akribische Buchhaltung der Moral, die sie da betrieben, hielt Enttäuschendes fest: Da gab es fast leere Kirchen, nachdem die Glocken lange hatten läuten müssen, um überhaupt noch diese kleine Schar zusammenzutreiben, dagegen volle Wirtschaften, fluchende und gotteslästernde Gemeindemitglieder, viel Aberglaube und schlimmere Zeichen menschlicher Sündigkeit.[8]

In dieser schlechten Welt waren Kinder noch das Erfreulichste. Bei ihnen wollten die Reformatoren ansetzen, um die religiöse und zivile

Ordnung zu erreichen, die ihnen vorschwebte. Ihre Erziehung sollte strikt, die Überwachung lückenlos sein, denn sie waren eine leichte Beute für den Teufel. Immer wieder wurden die Eltern ermahnt – von der Kanzel, in Almanachen und Ratgebern, deren Verbreitung der neu aufgekommene Buchdruck ermöglichte –, streng zu den Kindern zu sein, sie zur demütigen Einsicht in die eigene Sündigkeit anzuhalten. Würden sie ihren Pflichten nicht gerecht, komme der Fluch über sie, die Hölle sei ihnen sicher, drohte Luther. Vor allem der Vater wurde in die Pflicht genommen. Ein Bischof in seinen vier Wänden solle er sein. Eine immer wieder beanspruchte Gott-Vater-Analogie – sie wurde für alle weltlichen Autoritäten herangezogen – überhöhte die Autorität des Hausvaters und fügte sie in die herrschaftliche Ordnung ein. Auf der anderen Seite galt eine Analogie von Kind und Untertan. Das Wort »Kinder«, das die Reformatoren für den Nachwuchs gebrauchten (im Mittelalter sprach man von »Jüngling«, »adolescens«, »juvenis«), war eine Bezeichnung für Wesen, die der Führung bedurften: Hausangestellte, Bedienstete, politisch Unterstellte.[9]

Aufstände gegen die Obrigkeit und Sektenabspaltungen, wie sie das 16. Jahrhundert mit sich brachte, überzeugten die Reformatoren mehr und mehr von der Schlechtheit der Menschen und der Notwendigkeit straffer Führung. So setzten sie zunehmend auf Schulen und ihr erzieherisches Wirken – sie verließen sich nicht mehr auf die Familien. Reformatoren und Herrscher erließen gemeinsam Schulordnungen, mit denen sie alles bis ins Detail zu regeln versuchten.[10] Für die Eltern gab es Bußen, wenn die Kinder der Schule fernblieben. Die Schule fand auch an Markttagen statt. Auch das richtete sich gegen die Eltern, die die Kinder an solchen Tagen zur Mithilfe brauchten; es signalisierte den Anspruch, den nun Obrigkeit und Männer der Kirche auf die Kinder erhoben. Den Eltern unterstellte man, ihre Kinder nur im Hinblick auf berufliche Nützlichkeit, anstatt zum Gemeinwohl zu erziehen. Nicht zuletzt deshalb blieben die Reformatoren skeptisch gegenüber deutschen Schulen und zogen in den Städten Lateinschulen vor. Lernen um des Lernens willen, zur richtigen Unterstellung unter die Herrschaft.

Es war ein Programm der Moralisierung im Dienste einer neu zu ordnenden Gesellschaft, mit dem man die Kinder an die Kandare zu nehmen versuchte. Ziel war es, eine innere Instanz zu formen, die das heranwachsende Individuum in das richtige Verhältnis zu Gott und der Welt rückte. Die strenge Unterstellung unter die wachsamen Eltern und Lehrer beinhaltete auch den Gebrauch der Rute. Luther – etwas unschlüssig in dieser Frage – warnte allerdings auch vor Grausamkeit.

Die Reformer der katholischen Kirche folgten rund hundert Jahre später, nämlich im 17. und 18. Jahrhundert, mit einem Programm der Disziplinierung. Als Beispiel dienten hier die pädagogischen Bemühungen der christlichen Schulbrüder – ein Schulorden, der in der zweiten Hälfte des 17. Jahrhunderts gegründet wurde und in Frankreich, Italien, Belgien und den katholischen Gegenden Deutschlands einen erheblichen Teil der Knaben armer Leute unentgeltlich schulte. Auch die Schulbrüder führten einen Kampf gegen das Schlechte in der Welt. Die armen Leute, weil sie schlecht erzogen seien, würden in Müßiggang und Laster verfallen, und nur Scharfrichter und Galeeren könnten ihnen noch beikommen. Also müsse man die Kinder rechtzeitig erziehen.[11]

Die Schulen sollten die Kinder den ganzen Tag beschäftigen. Die Disziplin in den Schulen wies mit dem Exerzieren der Soldaten mehr als zufällige Ähnlichkeit auf. Diese Techniken der Macht waren im gleichen Geist, zur gleichen Zeit geboren worden; sie gehören in das Inventar disziplinarischer Erfindungen, dem Michel Foucault in den 1970er-Jahren seine Aufmerksamkeit schenkte.[12] Räumliche und zeitliche Ordnung spielten darin eine besondere Rolle. Die Raumordnung begann mit der Klausur: der Abgrenzung des Areals der Schule vom umgebenden Raum und Geschehen. Von außen sollte keinerlei Lärm eindringen, Ein- und Austritt aus dem Gebäude waren geregelt. Die disziplinierende Raumzerlegung setzte sich im Innern fort: Die Sitzordnung (in reihenweise angeordneten Tischen) machte An- und Abwesenheit der Schüler, aber auch jede unerlaubte Bewegung sofort erkennbar. Genau geregelt war die räumliche Anordnung auch beim Vollzug körperlicher Sanktionen. Diese wurden regelrecht aufgeführt und sollten so auch auf das Publikum wirken. Die Zerlegung der Zeit – in Stunden, Pausen, Zeiten, in denen man sich an bestimmten Orten aufzuhalten hatte – ergänzte die des Raumes. Es galten genaue Abfolgen der Bewegungen, vor allem am Anfang und Ende einer Stunde: eine Choreografie von Hinknien, Händefalten, Aufstehen, begleitet von Glockenschlägen. Unentbehrlich war das »Signal«, ein Schlaginstrument, das jede Handlung der Schüler anonym, präzise und ohne Worte regelte. Ein Schlag rief jedermann zur Aufmerksamkeit. Zwei Schläge zeigten einen Fehler an, der Schüler hatte im Lesen innezuhalten und das Recht auf zwei Korrekturversuche; schaffte er es nicht, so bezeichnete der Lehrer (immer noch mithilfe des Signals) drei andere Schüler, die Korrektur zu versuchen.[13]

Waren die Kinder erst einem solchen Regime unterstellt – die Eltern wurden verpflichtet, es zu unterstützen –, so bestand Aussicht, dass sich die gesellschaftlichen Zustände ändern würden. Die Fabriken und Manufakturen würden sich mit guten Lehrlingen füllen, die treu und fleißig arbeiten. Das war die Argumentation der führenden Köpfe dieser Bewegung, wie zum Beispiel Jean Baptiste de La Salle oder Charles Démia. Erkennbar ging es hier nicht nur um soziale Ordnung, sondern auch um wirtschaftlichen Erfolg – die Industrialisierung kündigte sich an. Diese Art der Machtausübung ist in Schulen auch heute noch anzutreffen, wenngleich in weniger rigider Art.

Die von Reformation und Gegenreformation entwickelte Vorstellung des Aufwachsens wurde später nicht mehr prinzipiell infrage gestellt. Das richtige Aufwachsen erforderte von da an die dauernde und lückenlose Überwachung der Kinder und eine permanente Belehrung der Eltern, die Sache ernst zu nehmen und die Kinder nicht zu verwöhnen.

Distinktion, Statusplatzierung – und anhaltende Ungleichheit

Programme des Aufwachsens sind einfacher formuliert als finanziert, das war in allen Zeiten so. Nicht dass diese Programme, wenn die Kinder ihnen denn unterworfen wurden, für eine glückliche Kinderzeit gesorgt hätten – sie waren ja auch nicht im Geringsten darauf ausgerichtet. Aber für manche armen Kinder, die davon gar nicht erfasst wurden, galten weit elendere Bedingungen. Da gab es die Kinder aus dem französischen Savoyen, die in harten Wintern, die ihren Bergtälern Hungersnöte bescherten, in den Städten Deutschlands bettelten und Kunststücke aufführten. Sie sind uns etwa in Ludwig van Beethovens Opus 52, Nr. 9, *Lied des Marmottenbuben*, des zerlumpten und bettelnden Kindes mit dem dressierten Murmeltier, überliefert. Sie waren nicht die Einzigen, die auf sich gestellt waren, wenn sie dem Hunger zu entkommen versuchten.

Vom 16. Jahrhundert bis zum Beginn des Zweiten Weltkriegs zogen Kinder in das prosperierende Schwabenland, um sich als Knechte und Mägde zu verpflichten, gegen Kost und Logis und ein neues Gewand zum Ende der Dienstzeit. Sie stammten aus den ärmsten Bergregionen (Vorarlbergs, Tirols und der Schweiz). »Schwabenkinder« wurden sie aufgrund des Ziels ihrer Reise genannt. In den großen Städten war die Zahl der bettelnden und vagabundierenden Kinder im 19. Jahrhundert noch größer als vor der Revolution.[14] Sie zur Arbeit zu zwingen, erschien dann als günstigste Lösung. Aus den Findel- und Waisenhäusern wurden die Kinder – von denen überhaupt nur die wenigsten die Bedingungen dieser Anstalten überlebten[15] – von der Obrigkeit an die Fabriken weitergereicht, aber auch für besonders gefährliche Arbeiten eingesetzt, wie etwa als Kaminfegerjungen oder in Bergwerken.[16] Noch an der Wende zum 19. Jahrhundert dankte der englische Premierminister den Industriellen dafür, was sie für die Kinder leisteten, indem sie Faulheit und Trägheit einen Riegel vorschöben; ebenso hielt es die österreichische Herrscherin, Maria Theresia. Sofern sich der Staat dann doch allmählich um eine Schulkindheit und eine Einschränkung der Ausbeutung bemühte, galt das Interesse nicht zuletzt der Wehrtüchtigkeit; die Schulpflicht sollte die Schlagkraft der Armee erhöhen.

So gab es im 18. und 19. Jahrhundert sehr unterschiedliche Arten des Aufwachsens. Das Bürgertum machte sich den erzieherischen Eifer und die elterliche Verpflichtung zu eigen, die die Reformatoren gepredigt hatten, und setzte sich mit dieser Erziehungsform ab – von den kleinen Leuten, aber auch vom Adel. Als Adliger wurde man geboren, zum Bürger jedoch erzogen;[17] diese Haltung war eine selbstbewusste Definition des eigenen Standes. Für den Adel galt anderes. »Das Leben erziehet den Mann, und wenig bedeuten die Worte«, sagte etwa Friedrich August Ludwig von der Marwitz, ein General aus dem preußischen Uradel – der sich damit übrigens auf Johann Wolfgang von Goethe bezieht.[18] Er beschreibt, wie er früh zu Pferde saß und seinen Vater ins Heereslager begleitete. Die Erziehung des Adels fand vor allem im Leben statt, vergleichbar dem mittelalterlichen Lernen im Verhältnis der Lehre. In der Kindheit des Bürgertums wurde dieses Leben simuliert: das Abenteuer durch Zinnsoldaten und Holzpferdchen, die Spielgefährtin durch die Puppe, die Arbeit im Haushalt durch das Puppenkochbuch. Die Natur wurde durch Diäten, Turnübungen, kalte Duschen und Spaziergänge im Park ersetzt; so empfahlen es die verbreiteten ärztlichen Ratgeber. Das Kinderzimmer, eine Neuerfindung dieser Zeit, war der Raum, auf den das Leben für das Bürgerkind schrumpfte, in welchem es seine Lektionen lernte. Besuchte es später die Schule – Bürgerkinder taten das in der Regel ab dem Gymnasium –, hatten seine Eltern weiterhin ein wachsames Auge auf seine Leistungen und seine Freundschaften.

Dabei fiel die Elternpflicht nun nicht mehr so sehr dem Vater zu, auch wenn seine Vorherrschaft in der Familie unangetastet blieb. Sie wurde zur Aufgabe der Frau, ja sie definierte den Charakter der Frau. Der Frau wurde emotionales Vermögen zugeschrieben: Mutterliebe. Die »gute Mutter« war die Vorgabe, die von Ärzten, Pädagogen und Psychologen entworfen wurde. Aus heutiger Sicht ist das längst Selbstverständlichkeit, zunächst aber war diese Aufwertung der Mutter und ihrer Emotionalität eine Frage, die gesellschaftlicher Debatten bedurfte.[19] Ein

Ort, an dem solche Debatten geführt wurden, waren die *Moralischen Wochenschriften*, Zeitschriften, in denen gelehrte Männer schrieben und die im gebildeten Bürgertum gelesen wurden. Sie erschienen in Deutschland im 18. Jahrhundert und bereiteten vor, was im 19. Jahrhundert Realität des Aufwachsens für bürgerliche Kinder wurde.

Man musste dem Bürgertum nicht mehr die Hölle androhen wie noch zu Luthers Zeiten, um ihm die Elternpflichten nahezubringen. Man konnte auf gleichlaufende Interessen setzen: Die gute Kinderstube versprach gesellschaftlichen Erfolg; bald wurden auch die Zugangsberechtigungen zu Positionen in Staat und Verwaltung über ein differenzierteres Bildungssystem und seine Abschlüsse festgelegt. Damit gesellte sich Distinktion als weiteres Interesse zu der Palette von Motivationen, die hinter dem Entwurf von Kindern und Erziehung standen. Das Interesse an gesellschaftlicher Ordnung blieb dennoch präsent. Männer des Staates und Gelehrte erhofften sich von der neuen Erziehung eine Stärkung der gesellschaftlichen Moral. Dieses Versprechen schien realistisch genug, sodass man gegen Ende des 19. Jahrhunderts immer stärker versuchte, auch die Kinder der kleinen Leute in vergleichbarer Weise aufwachsen zu lassen; Maßnahmen der Fürsorge, des Wohnungsbaus, der Vormundschaft sollten das unterstützen.[20] Auch hier richtete man sich besonders an die Mutter: Haushaltungsunterricht, Anleitung zum Kochen und Sparen, Ermahnungen, sich mit dem Vorhandenen zufriedenzugeben, sollten ihr den Kraftakt ermöglichen, in armen Verhältnissen jenes Kindheitsprogramm umzusetzen, welches das gut situierte Bürgertum vorgegeben hatte.

Die Sicht auf das Kind wurde nun vor allem in der Sprache der Wissenschaft – Psychologie, Pädagogik, Kindermedizin – gefasst, und darin wurde das Kind als anderes, fremdes Wesen entworfen. Den Weg des Erwachsenwerdens beschrieb die Wissenschaft als gefahrvollen – alle möglichen Störungen und Fehlentwicklungen könnten auftreten. Die neuen Experten gewannen rasch an Ansehen und Bedeutung. Ihre Ratschläge zeichneten sich durch gelegentliche radikale Umschwünge aus, vor allem was den Umgang mit Säuglingen und Kleinkindern betraf, etwa in der Frage des Weinenlassens, des Fütterns nach exaktem Zeitplan oder nach dem vom Baby angemeldeten Bedarf und des Toilettentrainings. Das änderte nichts daran, dass ihnen vor allem die Frauen des Bürgertums Gehör schenkten.[21]

Diese Allianz zwischen dem Bürgertum und den Experten hat Bestand, auch im 20. Jahrhundert und in der heutigen Zeit. Der Entwicklungspsychologe Urie Bronfenbrenner[22] konstatierte dazu Folgendes: Während Mütter der Unterschicht vor dem Zweiten Weltkrieg permissiver als diejenigen der Mittelschicht waren, was das Füttern nach Bedarf, langes Stillen und Toilettentraining betraf, verhielt sich dies nach dem Zweiten Weltkrieg genau umgekehrt. Nun stillten die Mütter der Mittelschicht häufiger und länger, folgten einem weniger rigiden Zeitplan der Mahlzeiten für die kleinen Kinder und begannen später mit dem Toilettentraining. Sowohl vor dem Zweiten Weltkrieg als auch danach lagen die Mütter der Mittelschicht damit näher bei den jeweiligen Expertenratschlägen. Umgekehrt hieß das, dass es die Mütter der Unterschicht in diesem Sinne, nämlich nach Meinung der Experten, zu beiden Zeitpunkten falsch gemacht hatten.

Es ist bis heute eine doppelte Benachteiligung, die bewirkt, dass das, was als »gute Kindheit« gilt, fest in den Händen der mittleren Schichten bleibt: die schlechtere Bewertung dessen, was die Eltern in tieferen sozialen Schichten leisten, und die schlechteren materiellen Bedingungen, unter denen sie es leisten müssen. Das Element der Distinktion blieb der Kindheit eigen, sosehr sich auch das Aufwachsen der Kinder kleiner Leute dem der bürgerlichen Kinder im Laufe der Zeit angeglichen hat. Die Zahlen zur häuslichen Lernumgebung zeigen, dass die Schichtunterschiede klein sind und die tieferen Schichten etwas nachhinken, aber sich in ihren Bestrebungen, ein immer intensiveres Programm des Aufwachsens umzusetzen, nicht prinzipiell unterscheiden. Soweit es aber dann die Schulen und also mögliche Bildungskarrieren betrifft, kommt zu den schwächeren Leistungen, die die Kinder tieferer Schichten dennoch zeigen, die schlechtere Bewertung gleicher Leistungen hinzu. Diese beiden Effekte der Schichtzugehörigkeit bewegen sich bis heute in der gleichen Größenordnung.[23] Ohne die stete Favorisierung mittelständischer Eltern und ihrer Kinder durch Experten, Lehrkräfte und – wie hier gleich ausgeführt wird – Bildungs- und Familienpolitik, wäre das Aufwachsen zweifellos weniger ungleich. Es sind Krokodilstränen, die über diese soziale Ungleichheit vergossen werden.

Nationalstaat und internationale Ebene – Durchbruch zur Kindheit?

Es fiel der Obrigkeit und später den Nationalstaaten stets leicht, die selbst deklarierten Ansprüche an die Qualität des Aufwachsens herabzusetzen, wenn es die Kinder der kleinen Leute betraf. Die Verantwortungszuweisung an die Eltern – von Luthers Elternschelte bis zur heutigen Rede vom »Risiko«, das bildungsferne Eltern für ihre Kinder darstellen[24] – erleichtert das. Zum heutigen – fast ständischen – Charakter des Aufwachsens trugen der deutsche Staat und die Bundesländer durch ein gegliedertes Schulsystem mit hoher sozialer Selektivität das Ihre bei. Dazu kommt eine Familienpolitik, die einkommensstärkere Familien mit traditioneller Geschlechterrollenverteilung begünstigt. Sie wurde in den 1950er-Jahren festgelegt, und in den damaligen Parlamentsdebatten begründete man dies eben damit, dass man sich Kinder aus Familien, die dem bürgerlichen Ideal entsprechen, wünsche. »Gerade auch unseren weithin kulturtragenden Mittelstandsschichten darf nicht ausgerechnet da die Erfüllung ihrer wichtigen kulturellen Aufgabe unmöglich gemacht werden, wo sie diese an ihren Kindern und damit für die Zukunft aller wirksam werden lassen wollen«, sagte der damalige Familienminister Franz-Josef Wuermeling.[25] Das Aufwachsen interessierte in der Geschichte immer vor dem Hintergrund einer gesellschaftlichen Bedrohung, und so hieß es diesmal, solche Kinder seien eine Sicherung gegen die Gefahr der kinderreichen Völker des Ostens. Die Rhetorik ist gewiss veraltet – aber die familienpolitischen Regelungen, die sie legitimierte, wurden bis heute unwesentlich verändert.

Gaben also immer andere Gesichtspunkte den Ausschlag als das Befinden der Kinder, wenn es darum ging, die Konturen des angemessenen Aufwachsens zu ziehen, so hat sich das in der allerjüngsten Zeit durch das Einschalten eines neuen Akteurs geändert: der internationalen Organisationen. Bereits 1924 verabschiedete der Völkerbund (ein zwischenstaatlicher Zusammenschluss von 78 Nationen und Vorläufer der Vereinten Nationen) auf Initiative der englischen Philanthropin Eglantyne Jebb die *World Child Welfare Charter*, die die weltweite Beachtung von Kinderrechten garantieren sollte. Jebb wurde durch die hungernden Kinder im Balkan zu ihrem Engagement motiviert. Es waren Kinder aus Ländern, die eben noch Kriegsgegner Englands gewesen waren. In einem nationalstaatlichen Denken, in dem die eigenen, und auch da nur die »richtigen« Kinder interessierten, war dies unverständlich, und Jebb wurde stark angefeindet.[26] Die Bemühungen um international verbindliche Kinderrechte wurden nach dem Zweiten Weltkrieg wieder aufgenommen. Sie fanden ihren vorläufigen Höhepunkt in der UN-Kinderrechtskonvention, die am 20. November 1989 von der Generalversammlung der Vereinten Nationen verabschiedet wurde. In Deutschland stimmte ihr der Bundestag 1992 mit einem Gesetzesbeschluss zu. Die Kinderrechtskonvention hält die Geltung der Menschenrechte für Menschen unter 18 Jahren fest. Dahinter steht aber auch eine bestimmte Vorstellung des Aufwachsens. Es ist zweifellos die Vorstellung einer langen, behüteten und geförderten Lebensphase des Aufwachsens; ob damit aber der oft gehörte Vorwurf zutrifft, hier werde lediglich die westliche Vorstellung in quasi-kolonialer Manier über die Länder des Globalen Südens gestülpt, ohne deren Vorstellungen des Aufwachsens zu würdigen, muss kritisch hinterfragt werden. Die Kinderrechtskonvention formuliert nämlich auch Ansprüche der Chancengerechtigkeit, der individualisierten Förderung, der größtmöglichen Entfaltung von Talenten aller Kinder und der Mitsprache bzw. Partizipation an Entscheidungen. Ferner ist es ihr ein Anliegen, jegliche Form der Körperstrafe oder anderer entwürdigender Strafen zu unterbinden. Auf der Basis solcher Vorstellungen richten sich auch erhebliche Forderungen und massive Kritik an Institutionen und Praktiken in westlichen Ländern. Die auf dieser Basis durchgeführten Untersuchungen der WHO oder des Office of Research-Innocenti von UNICEF lassen das schnell erkennen. Die Untersuchungsergebnisse stehen im Netz, für jedermann zugänglich, und machen deutlich, dass es in Deutschland durchaus an der Qualität des Aufwachsens zu arbeiten gälte, was die Ungleichheit, die Gewalt gegen Kinder, die Eltern-Kind-Beziehungen – aus Kindersicht! – und anderes mehr betrifft. Es ist also ein Bestreben, *allen* Kindern Rechte zukommen zu lassen, das sämtlichen Ländern der Welt energische Anstrengungen abverlangt, wenn sie denn das vorgegebene Ziel erreichen wollen. Auch hinter dieser internationalen Vorstellung des guten Aufwachsens lassen sich Interessen erkennen, die nicht nur die Befindlichkeit der Kinder betreffen. In den Publikationen der Weltbank zur Gestaltung der frühen Kindheit wird zum Beispiel das Interesse an Humankapital für eine globale Wirtschaft mehr als deutlich.[27] Dennoch ist der systematische Versuch, Bedürfnisse der Kinder zu erfassen und die Staaten dazu anzuhalten, diese abzudecken, unübersehbar. Er hat die Chance eröffnet, Kinder und Kindheit endlich neu zu denken. Man darf gespannt darauf sein, welche Bereiche der Gesellschaft, die ganz selbstverständlich auf einer bestimmten Konzeption von Kindern und Aufwachsen aufbauten, damit kritischen Fragen ausgesetzt sein werden.

Anmerkungen

1 Zitiert nach Lloyd deMause: »Evolution der Kindheit«, in: ders. (Hrsg.): *Hört ihr die Kinder weinen.* Frankfurt am Main 1992, S. 12

2 Vgl. WHO: *European report on preventing child maltreatment.* Kopenhagen 2013. http://www. euro.who.int/_data/assets/pdf_file/0019/217018/European-Report-on-Preventing-Child-Maltreatment.pdf [zuletzt abgerufen am 03.12. 2019].

3 Vgl. Doris Bühler-Niederberger, Jessica Schwittek: »Young Children in Kyrgyzstan: Agency in Tight Hierarchical Structures«, in: *Childhood* 21 (2014), S. 502–516.

4 Vgl. Susan Bianchi: »Maternal Employment and Time with Children?« in: *Demography 37* (2000), S. 401–414.

5 Vgl. Norbert F. Schneider, Sabine Diabaté, Kerstin Ruckdeschel (Hrsg.): *Familienleitbilder in Deutschland. Kulturelle Vorstellungen zu Partnerschaft, Elternschaft und Familienleben.* Opladen 2015.

6 Philippe Ariès: *Geschichte der Kindheit.* München 1978.

7 Martin Luther: *D. Martin Luthers Werke. Kritische Gesamtausgabe.* Weimar 1883 (unverändert nachgedruckt 1966–1983).

8 Vgl. Gerald Strauss: *Luther's House of Learning. Indoctrination of the Young in the German Reformation.* Baltimore 1978.

9 Vgl. ebd.

10 Vgl. Mary Jo Maynes: *Schooling in Western Europe.* Albany 1985.

11 Vgl. Dominique Julia: »L'enfance entre Absolutisme et Lumières«, in: Egle Bechi, Dominique Julia (Hrsg.): *Histoire de l'enfance en Occident. Tome 2.* Paris 1998, S. 7–111.

12 Michel Foucault: *Überwachen und Strafen. Die Geburt des Gefängnisses.* Frankfurt am Main 1977.

13 Mary Jo Maynes: *Schooling in Western Europe.* a. a. O., S. 30 ff.

14 Vgl. Doris Bühler-Niederberger, Heinz Sünker: »Arme Kinder in der ersten Hälfte des 19. Jahrhunderts«, in: Meike Baader, Florian Esse, Wolfgang Schröer (Hrsg.): *Kindheiten in der Moderne. Eine Geschichte der Sorge.* Frankfurt am Main 2014, S. 72–96.

15 Vgl. Jürgen Schlumbohm: »Findel- und Gebärhäuser als Mittel gegen den Kindesmord: Debatten und Praktiken im späten 18. und frühen 19. Jahrhundert«, in: Marita Metz-Becker (Hrsg.): *Kindsmord und Neonatizid.* Marburg 2012, S. 25–38.

16 Vgl. Hugh Cunningham: *Die Geschichte des Kindes in der Neuzeit.* Düsseldorf 2006.

17 Vgl. Gunilla Budde: *Auf dem Weg ins Bürgerleben.* Göttingen 1994.

18 Zitiert nach Jürgen Schlumbohm: *Kinderstuben. Wie Kinder zu Bauern, Bürgern, Aristokraten wurden.* München 1983, S. 196.

19 Vgl. Yvonne Schütze: *Die gute Mutter. Zur Geschichte des normativen Musters »Mutterliebe«.* Bielefeld 1991.

20 Vgl. Jacques Donzelot: *Die Ordnung der Familie.* Frankfurt am Main 1980.

21 Vgl. Christina Hardyment: *Dream Babies. Child Care from John Locke to Gina Ford.* London 2007.

22 Urie Bronfenbrenner: »Socialization and Social Class Through Time and Space«, in: Eleonore E. Maccoby, Theodore M. Newcomb, Eugene L. Hartley (Hrsg.): *Readings in Social Psychology.* New York 1958, S. 400–425.

23 Vgl. Doris Bühler-Niederberger: *Lebensphase Kindheit. Theoretische Ansätze, Akteure und Handlungsräume.* Weinheim 2020.

24 Tanja Betz: »Risks in Early Childhood. Reconstructing Notions of Risk in Political Reports on Children and Childhood in Germany«, in: *Child Indicators Research 7* (2013), S. 769–786.

25 Zitiert nach Ingrid Langer-El Sayed: *Familienpolitik: Tendenzen, Chancen, Notwendigkeiten.* Frankfurt am Main 1980, S. 100.

26 Vgl. Trevor Buck: *International Child Law.* London 2014.

27 Vgl. World Bank: *Learning for All – Education Strategy 2020.* Washington DC 2011.

Ernst Pöppel
Warum Kinder ihrer Freiheit beraubt werden
Kindheit als individuelle Versklavung

Wir treten in die Welt hinein mit angeborenen Programmen von Möglichkeiten. In den ersten Lebensjahren, in der Kindheit, werden aus diesen Möglichkeiten individuelle Wirklichkeiten. Genetisch bereitgestellte Angebote in der neuronalen Informationsverarbeitung werden ausgewählt, und diese Auswahl bestimmt unser Leben bis zu seinem Ende.

Hier muss eine Warnung ausgesprochen werden: Wenn man bezüglich des Leib-Seele-Problems der Meinung ist, dass Leib und Seele, dass Gehirn und Geist verschiedene Substanzen sind, wenn man also erkenntnistheoretisch ein Dualist ist (wie es zum Beispiel der Philosoph und Mathematiker René Descartes gewesen ist), dann lohnt es sich nicht, weiterzulesen. Dann macht alles Weitere keinen Sinn, denn dann wäre das Psychische frei und unabhängig vom Physischen. Man kann aber auch eine andere Position haben. Ich vertrete einen pragmatischen Monismus. Eine prinzipielle Trennung zwischen dem Körperlichen und dem Geistigen wird der besonderen Eigenart des Menschen nicht gerecht und führt zu Missverständnissen. Ein solches Missverständnis ist beispielsweise, immer nur im Auge zu haben, wie der Mensch sein soll, nicht, wie er ist. Welche pragmatischen Argumente sprechen für einen Monismus? Die Antwort ist recht einfach, obwohl sie im logischen Sinn nicht zwingend ist; deshalb ist dieser Monismus eben pragmatisch: Was auch immer in der Sphäre des Subjektiven, des Psychischen, des menschlichen Erlebens geschieht, was auch immer Inhalt unseres Bewusstseins sein kann, was auch immer unsere Wahrnehmungen, Gefühle, Erinnerungen, Absichten, Denkverläufe, sozialen Bezüge kennzeichnet, all das kann selektiv verloren gehen. Daraus folgt: Der Verlust der Funktion ist der Beweis für die Existenz der Funktion. Nur was existiert, kann verloren gehen. Störungen des Gehirns, wie sie beispielsweise bei neurologischen oder psychiatrischen Erkrankungen beobachtet werden, geben den wissenschaftlichen Weg. Ich behaupte somit, dass es nicht nur gerechtfertigt, sondern sogar notwendig ist, die Sphäre des Subjektiven, unser »Seelenleben«, von Anfang an, also seit der Geburt (und sogar pränatal), aus dieser monistischen Perspektive zu betrachten.

Diese Denkform hat Konsequenzen, zu verstehen, wie wir in unsere individuellen Lebenstrajektorien hineingestoßen werden. Befunde der Neurowissenschaften und der Verhaltensforschung legen nahe, dass wir unser irdisches Sein mit einer genetischen Ausstattung beginnen, die ein Überangebot für mögliche Lebenswege in seiner neuronalen Maschinerie bereitstellt. Wir werden hineingeboren in physische und kulturelle Umwelten, deren Parameter nicht bekannt sind, und die auch nicht bekannt sein können. Die Welt ist zu komplex, um alle Situationen, die auftreten können und die für die erfolgreiche Steuerung des Verhaltens notwendig sind, vorzuprogrammieren; dies gilt zumindest für »höher« entwickelte Arten, zu denen Menschen sich gerne zählen. Wir müssen in unbekannte Umwelten eingepasst werden. Für diese Einpassung werden die verschiedenen Formen des Lernens genutzt, wie das Prägungslernen (das von Konrad Lorenz beschrieben wurde) oder das klassische Konditionieren (der »bedingte Reflex«, wie ihn Iwan Petrowitsch Pawlow entdeckt hat) oder das operante Konditionieren (das mit dem Namen Skinner verbunden ist) oder das Lernen durch Einsicht (für das der Gestaltpsychologe Wolfgang Köhler bekannt wurde). Diese Formen des Lernens kennzeichnen aber gleichsam nur die »Maschinerie« der Einpassung in die noch unbekannte Welt. Jedes Lernen dient der Optimierung des Sichzurechtfindens in dem zunächst Unbekannten und Unbestimmten. Um sich zurechtzufinden, muss sich der Organismus bewegen. Dies gilt für alle Organismen, vom Einzeller bis zum Menschen. Bewegung dient dem Zweck, Ziele ausfindig zu machen, die zu einer Bedürfnisbefriedigung führen. Was Bedürfnisse befriedigt, das wird festgehalten. Ohne Bewegung können Ziele offenkundig nicht erreicht werden; unter »Bewegung« möchte ich auch geistige Bewegung verstehen, mit der Bewertungen durch die Befriedigung der Neugier möglich werden.

Wir werden also in verschiedene physische und kulturelle Umwelten hineingeworfen, in denen wir überleben und uns bewähren müssen. Die Parameter dieser Umwelten werden uns über unsere Sinnesorgane, was die physikalisch definierte Umwelt, und unsere kognitiven Bewertungssysteme, was die kulturelle Umwelt betrifft, vermittelt. Jeder Organismus strebt nach einem Gleichgewicht, einer Homöostase, die im Übrigen auch der Ersparnis von Energie dient. Da Umwelten verschieden sind, wird aus dem Überangebot der genetisch vorgegebenen Möglichkeiten eine Auswahl getroffen. Neuronale Verbindungen, die durch Informationsverarbeitung genutzt werden, bleiben erhalten. Solche Verbindungen, die brachliegen, werden abgeschaltet, weil ihnen die Bestätigung fehlt. Der Reichtum der ursprünglich gegebenen Potenziale wird immer kleiner; aus dem Zuviel wird das Weniger, was effizient genutzt werden kann. Überflüssiges wird nicht weiter berücksichtigt. Dieses Prinzip der Reduktion der Komplexität hat einen weiteren Vorteil, dass nämlich Entscheidungen schneller gefällt werden können, denn unser evolutionäres Erbe bedingt auch, jeweils schnell handeln zu müssen, und je kleiner der Optionsraum des Möglichen ist, umso schneller kann man zur Tat schreiten. Hierin liegt auch der große Vorteil von Vorurteilen, die ermöglichen, ohne viel nachzudenken, eine Meinung zu haben und auf dieser Grundlage tätig oder tätlich zu werden. Da die Umwelten verschieden sind, in die wir eingepasst werden, sind notwendigerweise auch die Vorurteile verschieden.

Hier mag eine kleine Abschweifung nützlich sein. Vor genau 400 Jahren veröffentlichte Francis Bacon sein Werk *Novum Organum*. Dieses Werk beginnt mit einer Aufzählung von vier Fehlern, die wir begehen können, wenn wir Antworten suchen, und diese Warnung sollte man auch heute noch im Kopf haben. Wir machen Fehler, weil wir Menschen sind; unser evolutionäres Erbe hat uns nicht fehlerfrei gestaltet. Wir machen Fehler, weil wir Individuen sind; unsere persönlichen Prägungen können in die Irre führen. Wir machen Fehler, weil wir Sprache benutzen; was wir denken, bildet sich nicht eineindeutig in Sprache ab. Wir machen Fehler, weil wir Vorurteile haben. Wie erwähnt, sind Vorurteile aber nicht zu vermeiden; sie gehören zu unserer Natur. Das Einzige, was hilft, ist zu wissen, dass man ein Opfer von Vorurteilen ist und dass man sich jederzeit eingeladen fühlen sollte, einen Perspektivwechsel vorzunehmen. Hier sei auch auf ein Missverständnis hingewiesen, das durch Lehrbücher geistert und das oft auch den öffentlichen Diskurs bestimmt. Es wird gefragt, wie viel Prozent an unserem Verhalten angeboren und wie viel Prozent erworben sind. Diese Frage stellt sich durch die Intelligenz von »Mutter Natur« nicht mehr. Durch die Einpassung in die nicht antizipierbare Welt, durch die Auswahl neuronaler Prozesse, die sich als erfolgreich erwiesen haben, ist »angeboren und erworben« nicht mehr zu trennen; es ist immer beides.

Ein praktisches Beispiel für einen solchen neuronalen Auswahlprozess ist das Sprachenlernen, das zu einer weiteren Abschweifung führt. Wenn wir in das Leben eintreten, dann könnten wir noch alle Sprachen akzentfrei lernen. Es gibt immer noch einige Tausend Sprachen (wobei am Ende dieses Jahrhunderts wohl nur noch einige Hundert Sprachen übrig geblieben sein werden), und jeder oder jede kann jede Sprache akzentfrei lernen, doch dies ist nur bis zu einem Alter von etwa zehn Jahren möglich. Eine kritische Phase der Sprachprägung hinsichtlich des Akzents der Sprache, ihrer typischen Sprachlaute, ist dann abgeschlossen. Ich behaupte, dass niemand eine zweite Sprache nach dieser kritischen Phase akzentfrei lernen kann, wenn er oder sie innerhalb dieser Phase nur eine Sprache gelernt hat. Das Repertoire ist dann zu klein geworden. Hier wird die Neurowissenschaft politisch: Wenn man eine anstrengungslose (und akzentfreie) Kommunikation zum Beispiel innerhalb Europas haben will, dann muss man innerhalb der kritischen Phase, also bis zu etwa zehn Jahren, (mindestens) drei Sprachen lernen, die Muttersprache und zwei weitere Sprachen wie Englisch oder Spanisch oder Russisch; dann kann Europa auch kulturell leichter zusammenwachsen.

Wenn man sich als »globaler Bürger« versteht, dann kann man Chinesisch oder Arabisch und weitere Sprachen lernen, die andere Kulturen erschließen. Dies muss innerhalb der kritischen Phase geschehen, um das linguistische Repertoire möglichst breit auszulegen. Bemerkungen von besorgten Pädagogen, dass das kindliche Gehirn durch Mehrsprachigkeit überfordert sein könnte, sind nicht belastbar.

Die Situation der Einpassung in eine Welt mit zuvor unbekannten physischen und kulturellen Parametern führt zu einem grundsätzlichen Problem, das die menschliche Freiheit betrifft. Wenn wir in die Welt eintreten, haben wir diese spezifische physische und kulturelle Umwelt nicht gewählt. Sie wird uns aufgezwungen. Wir haben keine Wahl. Wir werden, ohne uns wehren zu können, zu Sklaven dieser Umwelt mit ihren spezifischen Parametern. Wir werden in einer besonderen Weise geprägt, die wir nicht gewollt haben. Vorurteile werden uns aufgezwungen. Es ist der absolute Kontrollverlust. Wir sind Objekt und nicht Subjekt. Alles hätte ganz anders sein können. Aber kaum bin ich zur Welt gekommen, bin ich versklavt, wird mir eine individuelle Wirklichkeit aufgezwungen, die vom Zufall bestimmt ist. Der Beginn des Lebens ist also Freiheitsberaubung, auch wenn es aus biologischen Gründen eine notwendige Freiheitsberaubung ist. Keiner kann ihr entfliehen. Hinsichtlich der »Freiheit« ist Kindheit also die absolute Katastrophe. Was jemand ist, welche Identität er oder sie entfaltet, was wir werden, das ist von dem Zufall abhängig, in welcher physischen oder kulturellen Umwelt man gelandet ist.

Es ist in der Naturforschung eine gute Übung, sich selbst zum Problem zu machen, sich selber den Fragen auszuliefern, die man gestellt hat. Also will ich an mir selber verdeutlichen, was mit mir bei verschiedenen Versklavungen hätte geschehen können, wenn also verschiedene Lebenswege gegangen worden wären. Dabei mache ich eine Anleihe in der theoretischen Physik, in der das Konzept von parallelen Universen vertreten wird, was man im Übrigen wissenschaftlich nicht falsifizieren kann. Was ich erwähne, ist theoretisch also möglich. Ich bin Bauernsohn, und als ältester Sohn habe ich einen Hof geerbt; ich bin in die bäuerliche Umwelt hineingeprägt worden; ich bin immer noch Bauer, der Kartoffeln anpflanzt und Pferde züchtet, und ich lebe in einem der vielen parallelen Universen. Es gibt mich dort wirklich. Ein anderes Universum hat mich anders. Ich bin Marineoffizier geworden, und nun bin ich schon lange in Pension nach verschiedenen Verwendungen an unterschiedlichen Dienststellen. Ich spiele viel Golf und langweile mich. In diesem parallelen Universum gibt es mich wirklich. Wieder ein anderes Universum hat mich anders. Ich bin Kaufmann in einem südamerikanischen Land geworden und lebe immer noch als Kaufmann in diesem parallelen Universum. Wieder ein anderes Universum hat mich anders. Ich bin Hochschullehrer, betreibe Forschung über dies und jenes in der Hirnforschung und betreue mehrere Doktoranden aus verschiedenen Ländern. (Und es gibt noch viele andere Universen, in denen ich auch noch lebe.) In jedem dieser Universen lebe ich mit dem ursprünglich gleichen genetischen Repertoire. Die unterschiedlichen Prägungen haben mich aber verschiedentlich versklavt. Nun geschieht das Unerhörte: Es gelingt nach Überwindung bestimmter physikalischer Probleme, dass die verschiedenen parallelen Universen miteinander verbunden werden. Was geschieht? Ich treffe mich selber. Meine verschiedenen Identitäten begegnen sich. Ich als Bauer, als Marineoffizier, als Kaufmann, als Hochschullehrer sehe mich an. Äußerlich mag ich noch eine gewisse Ähnlichkeit mit mir selber haben. Doch ich bin sprachlos und verwirrt. Ich verstehe mich nicht. Ich kann nicht mit mir sprechen, da ich als jeweiliges Ich an unterschiedliche Sprachspiele gewohnt bin. Unterschiedliche Prägungen haben mich vielfach verändert. Ich habe mich durch Vervielfachungen von meinem ursprünglichen, aber ungeformten Selbst entfernt. Gibt es überhaupt noch einen »Ich-Kern«? Bin ich, der ich jetzt bin, nicht ein anderer? Wer bin ich, wer ist irgendjemand, schuldloses Opfer unterschiedlicher Versklavungen? Ein Kind weiß nichts von diesem Schicksal.

Anne Röthel
Warum Kinder Rechte brauchen
Über die unvollendete Emanzipation im Recht

Im Koalitionsvertrag zwischen SPD und CDU ist verabredet worden, Kinderrechte im Grundgesetz zu verankern. Inzwischen liegen dazu mehrere Entwürfe vor. Aus dem Justizministerium stammt der Vorschlag, Artikel 6 des Grundgesetzes um einen neuen Absatz, nämlich 1a, zu ergänzen:

> »Jedes Kind hat das Recht auf Achtung, Schutz und Förderung seiner Grundrechte einschließlich seines Rechts auf Entwicklung zu einer eigenverantwortlichen Persönlichkeit in der sozialen Gemeinschaft. Das Wohl des Kindes ist bei allem staatlichen Handeln, das es unmittelbar in seinen Rechten betrifft, angemessen zu berücksichtigen. Jedes Kind hat bei staatlichen Entscheidungen, die seine Rechte unmittelbar betreffen, einen Anspruch auf rechtliches Gehör.«

Das klingt gut. Aber brauchen wir so viel neuen, ausmalenden Text in unserem ansonsten eher knapp und nüchtern verfassten Grundgesetz wirklich? Und können wir mit Kinderrechten die reale Lebenssituation von Kindern und ihre existenziellen Gefährdungen durch Armut, Vernachlässigung, Missbrauch, Überforderung, Traumatisierung und Ausgrenzung wirklich verbessern? Ist die Betonung von Kinderrechten vielleicht nur billiger Politikersatz oder sogar ein Rückschritt gegenüber dem geltenden Recht? Diese Fragen werden von vielen Seiten gestellt. Sie sind auch Gegenstand einer lebhaften juristischen Debatte.[1]

Der folgende Beitrag schließt sich nicht den darin geäußerten Bedenken an, sondern ist ein Plädoyer für mehr sichtbare Kinderrechte.

Zwar wird mit der Verankerung von Kinderrechten in der Verfassung allein noch nichts besser und schon gar nicht »alles gut«. Letztlich entscheidet die Jugend-, Bildungs- und Sozialpolitik, wie ernst es unserer Gesellschaft mit den Lebensbedingungen und Entfaltungsmöglichkeiten von Kindern ist. Aber Kinder ernst zu nehmen, heißt in der Sprache des Rechts: ihre Rechte anzuerkennen und die ihnen versprochenen Rechte auch zu gewährleisten. Kinderrechte ausdrücklich in der Verfassung zu verankern bedeutet, ein bislang gebrochenes Versprechen einzulösen. Es gilt, die Emanzipation des Kindes zu vollenden.

Haben Kinder nicht schon längst Rechte?

Häufig wird in der Diskussion um Kinderrechte eingewendet, Kinder hätten ohnehin schon Rechte. Das ist natürlich richtig. Kinder haben längst Rechte, und in der Vergangenheit sind zum Schutz des Kindes große Hürden genommen worden: Im 19. Jahrhundert wurde die Schulpflicht eingeführt und Kinderarbeit verboten. Inzwischen haben Kinder auch gegenüber ihren Eltern ein Recht auf gewaltfreie Erziehung. Sie können sich an die Jugendhilfe wenden und eigenständig Sozialleistungen beantragen. Kinder sind also bereits Rechtssubjekte und nicht nur Objekt staatlichen oder elterlichen Handelns. Kinder sind rechtsfähig im Sinne des bürgerlichen Rechts. Vor allem sind Kinder auch grundrechtsberechtigt. Denn das Grundgesetz kennt keine Altersgrenzen für Grundrechte. Das Leben, die körperliche Unversehrtheit und die freie Entfaltung der Persönlichkeit werden in den Grundrechten ohne Ansehung des Alters gewährleistet. Auch zum Eltern-Kind-Verhältnis betont die leitende kindschaftsrechtliche Erzählung breite Landgewinne zugunsten des Kindes seit dem Inkrafttreten des *Bürgerlichen Gesetzbuchs* im Jahr 1900: Aus der »väterlichen Gewalt« wurde »elterliche Sorge«, aus einem patriarchalen Herrschaftsverhältnis erwuchs ein Fürsorgeverhältnis, mit dem das Kind in den Mittelpunkt elterlicher Verantwortung gerückt ist.[2]

Und dennoch geht es bei der Debatte über Kinderrechte um mehr als nur um Schlagworte und Symboliken. Denn Wirkmächtigkeit und Wahrheitsgehalt von leitenden Erzählungen können auseinanderfallen. Gerade in familienrechtlichen Debatten finden idealisierende und beruhigende Erzählungen erfahrungsgemäß mehr Anhänger als kritisch ausgemalte Verfallsszenarien.[3] Aber es gibt sie durchaus, die andere Erzählung über die Rechtsstellung von Kindern im geltenden Recht. Danach bleibt das deutsche Recht empfindlich hinter den Verpflichtungen der UN-Kinderrechtskonvention zurück. Überhaupt sei die Rechtsstellung des Kindes alles andere als gesichert, sondern nach wie vor prekär und klarstellungsbedürftig. Damit liegt in der Frage der Kinderrechte eine erste Herausforderung darin, sich ein realitätsgerechtes Bild vom Zustand des geltenden Rechts zu machen.

Verfassungsversprechen und imaginiertes Recht

Im Ausgangspunkt trifft es zu, dass die Grundrechte nach heutigem Verständnis keine Altersgrenzen kennen. Die Grundrechte sind gleichermaßen Rechte der Erwachsenen wie der Kinder. Das Bundesverfassungsgericht hat sich die Vorstellung, die Grundrechte könnten nur »grundrechtsmündigen« Personen zustehen, nicht zu eigen gemacht, sondern betont: Das Kind selbst ist Rechtssubjekt und Grundrechtsträger. Dem Kind kommen die Grundrechte, insbesondere das Recht auf freie Entfaltung der Persönlichkeit, das Recht auf Leben und das Recht auf körperliche Unversehrtheit als eigene Rechte zu.[4] Diese Rechte begrenzen zugleich die Befugnisse der Eltern. Das Kind hat ein »Recht auf eine möglichst ungehinderte Entfaltung seiner eigenen Persönlichkeit«, und zwar auch gegenüber den Eltern. Die im Elternrecht wurzelnden Rechtsbefugnisse würden mit zunehmender Selbstbestimmungsfähigkeit des Kindes automatisch »zurückgedrängt«.[5]

Doch nicht alles, was in der Verfassung angelegt ist, ist deshalb sogleich ins Leben gesetztes, wirksames Recht. Schon bei expliziten Verfassungsversprechen kann es Jahrzehnte dauern, bis die Kluft zur Rechtsrealität überwunden wird. Obwohl das Grundgesetz schon im Jahr 1949 die Gleichberechtigung von Männern und Frauen und die Gleichstellung von ehelichen und unehelichen Kindern verkündet hatte, konnten Frauen bis in die 1960er-Jahre ohne die Erlaubnis ihres Ehemannes kein Konto eröffnen, und erst in den späten 1970er-Jahren wurde eine Regelung im *Bürgerlichen Gesetzbuch* aufgehoben, wonach es für die Berufstätigkeit einer verheirateten Frau der Zustimmung des Ehemannes bedurfte. Auch galt ein nichteheliches Kind noch bis zum Jahr 1969 als nicht mit seinem Vater verwandt, und erst die Kindschaftsreform des Jahres 1998 unternahm die wesentlichen Schritte zur Gleichstellung von ehelichen und nichtehelichen Kindern. Die Liste ließe sich fortsetzen, sodass die Lehre daraus eindeutig ausfällt: Selbst in einem betonten Rechtsstaat sind explizite Verfassungsversprechen keine Selbstläufer. Eher besteht Grund dazu, sich den katechontischen Schaden von verfassungspatriotischem Überoptimismus vor Augen zu führen. Gerade bei bloß impliziten, mitgedachten Verfassungsversprechen und bei generalklauselartigen Bekenntnissen zum Kindeswohl ist deswegen noch viel mehr Skepsis angebracht: Wenn sich schon explizite Verfassungsversprechen ihren Weg erst mühsam und langwierig von der Verheißung zur Verwirklichung bahnen müssen, können wir umso weniger darauf setzen, dass Kinderrechte allein deshalb gesicherte Rechtsrealität sind, weil dies den Generalklauseln des *Bürgerlichen Gesetzbuchs* und dem Geist des Grundgesetzes entspricht. Vielmehr drängt sich bei unvoreingenommener Betrachtung darauf, wie es konkret und praktisch um die Rechte des Kindes steht, ein anderes Bild auf: Bei den Kinderrechten fallen tatsächliche und imaginierte Rechtslage ähnlich weit auseinander, wie dies über lange Zeit in Bezug auf die Rechtsgleichheit der Frau und des nichtehelichen Kindes war. Genauso wie im Eherecht wird die Kluft zwischen Versprechen und Verwirklichung umso größer, je mehr man sich von den abstrakten Versprechungen wegbewegt und im Einzelnen die konkreten Ausgestaltungen der Rechtsstellung betrachtet.[6]

Die unsichere Eigenzuständigkeit des Kindes

Dies betrifft insbesondere das Recht des selbstbestimmungsfähigen Kindes auf Selbstentscheidung seiner eigenen Angelegenheiten, das sogenannte Recht auf Eigenzuständigkeit. So richtig weiß das geltende Recht von einer Eigenzuständigkeit des Kindes eigentlich nichts. Zwar gibt es für einzelne Fragen ausdrückliche Regelungen: Ab dem Alter von 14 Jahren können Kinder etwa über ihre Religionszugehörigkeit entscheiden und sind in Adoptionsverfahren anzuhören; mit Vollendung des 16. Lebensjahrs können Kinder wirksam ein Testament errichten. Aber ein prinzipielles gesetzliches Bekenntnis für ein Recht des Kindes zur Selbstentscheidung fehlt. Diese Lücke wirkt sich paradoxerweise gerade in den Bereichen aus, die für die Persönlichkeits- und Identitätsentwicklung des Kindes besonders elementar und zentral sind: bei Entscheidungen über den eigenen Körper. Nirgends ist ausdrücklich garantiert, dass es grundsätzlich Sache des selbstbestimmungsfähigen Kindes ist, über die Vornahme oder Nichtvornahme einer medizinischen Behandlung selbst zu entscheiden. Genauso unsicher ist die Rechtsposition des Kindes, das gegen den Willen seiner Eltern eine ungewollte Schwangerschaft beenden oder eine Geschlechtsumwandlung vornehmen möchte. Und es gibt weitere zahlreiche Beispiele: Im Zweifel entscheiden die Eltern, ob sich ein Kind tätowieren oder piercen lassen darf, welchen Sport es ausübt und dergleichen mehr.

In diesen Fragen kennt das geltende Recht keine ausdrücklichen, zwingenden Pflichten der Eltern, den Willen eines selbstbestimmungsfähigen Kindes zu beachten und zu verwirklichen. Zwar bemühen sich die Gerichte, wenn sie doch einmal mit einem Konflikt zwischen Eltern und Kind über die Reichweite der Selbstentscheidungsbefugnis des Kindes befasst werden, zunehmend auch die Perspektive des Kindes zu betonen. So hat der Bundesgerichtshof seinen eigenen Standpunkt programmatisch dahin gehend beschrieben, dass »auch ohne gesetzliche Regelung eine selbständige Entscheidungsbefugnis des Minderjährigen […] schon vor Erreichen der Volljährigkeit anerkannt« sei.[7]

Dennoch ist die praktische Verwirklichung der Entscheidungszuständigkeit des selbstbestimmungsfähigen Kindes über seinen eigenen Körper nach wie vor unsicher. Die Entscheidungen in der Sache sprechen auffallend häufig dann doch den Eltern das letzte Wort zu. So genügt der Arzt seiner Aufklärungspflicht bereits durch Aufklärung der Eltern, selbst wenn das Kind in der Sache als eigenzuständig angesehen wird.[8] Dass das Selbstbestimmungsrecht des Kindes in Bezug auf seinen Körper im Grundsatz anerkannt ist, hat nichts daran geändert, dass die praktische Verwirklichung des Selbstbestimmungsrechts im konkreten Fall nach wie vor unsicher ist. Besonders drastisch ist dies an der Frage des Schwangerschaftsabbruchs abzulesen. Mehrere Gerichte haben sich auf den Standpunkt gestellt, dass minderjährige Schwangere ohne Zustimmung ihrer Eltern nicht wirksam in einen Schwangerschaftsabbruch einwilligen können. Dort, wo das weitere Leben der Heranwachsenden, die Entfaltung ihrer Persönlichkeit, ihre Identität und ihr Körper besonders nachhaltig betroffen sind, ist das implizite grundrechtliche Versprechen von eigenen Rechten des Kindes ohne eine explizite Verankerung und gesetzliche Ausformung also wenig wert.

Leere Versprechungen: Rechte ohne Durchsetzungschancen

Auch in anderen Bereichen zeigt sich, dass es das geltende Recht mit den Rechten des Kindes doch nicht so ernst meint, wie es in der Verfassung angelegt und mit den zahlreichen Kindeswohlbekenntnissen im einfachen Recht versprochen scheint. Zwar hat jedes Kind ein »Recht auf Umgang mit jedem Elternteil«, wie sich aus § 1684 des *Bürgerlichen Gesetzbuchs* seit dem Jahr 1998 ausdrücklich ergibt. Doch wird dieses Umgangsrecht in der Rechtspraxis als ein Recht von Erwachsenen auf Umgang mit dem Kind, nicht aber als ein eigenes Recht *des* Kindes verwirklicht. Lehnt ein Kind einen Umgangswunsch ab, wird dies von den angerufenen Gerichten häufig nicht als Ausdruck der Selbstbestimmung des Kindes akzeptiert. Zudem kann das Kind sein eigenes Umgangsrecht nicht selbst geltend machen. Vorschläge, das Umgangsrecht des Kindes um ein Antragsrecht des Kindes zu ergänzen, sind bislang nicht Gesetz geworden. Unvollständig sind auch die Möglichkeiten des Kindes, sein verfassungsgerichtlich in vielen Entscheidungen anerkanntes Recht auf Kenntnis der eigenen Abstammung zu verwirklichen. Gegen den Willen seiner Eltern kann ein Kind nach geltendem Recht kein Verfahren auf Klärung der leiblichen Abstammung einleiten, und erst mit Vollendung des 16. Lebensjahres hat ein Kind Anspruch auf Auskunft aus dem Samenspenderregister. Das setzt allerdings in der Praxis voraus, dass die Eltern das Kind über die Samenspende überhaupt informiert haben oder sich dem Kind entsprechende Zweifel aufdrängen.

Kinderrechte ernst zu nehmen heißt, Kindern ernst zu nehmende rechtliche Kompetenzen einzuräumen. Bislang gibt es indes kein gerichtliches Verfahren, das Kinder selbst anstrengen können, um ihre Eigenzuständigkeit im Verhältnis zu elterlichem Sorgehandeln zu klären. Verfahrensmäßig gesichert ist nur, dass Kinder in Sorgerechts- und Umgangsentscheidungen anzuhören sind. Doch gibt es kein Klärungsverfahren, in dem ein Kind aus eigener Initiative gerichtlich sein Recht auf Eigenzuständigkeit gegen seine Eltern durchsetzen könnte. Kinder können ihre verfassungsrechtlich versprochene Eigenzuständigkeit allenfalls informell zur Geltung bringen: Sie können sich an die Jugendhilfe wenden oder ihre Lehrer um Unterstützung bitten.

Auch darin spiegelt sich wider: Das geltende Recht verspricht dem Kind zwar eigene (Grund-)Rechte und die Wahrung seines Wohls, doch kommen diese Versprechen in der Praxis nicht als Rechte des Kindes an. Solange es an ausdrücklichen Rechtsgrundlagen und expliziten Verfahren fehlt, mit denen ein Kind seine verfassungsmäßig versprochenen Rechte auch praktisch zur Geltung bringen kann, gehen die Kinderrechte in den Rechten der Eltern auf.

Explizite Elternrechte, bloß mitgedachte Kinderrechte?

Diese faktische Elternorientierung des geltenden Rechts ist kein Zufall: Sie zeichnet maßstabsgetreu die Linien von Artikel 6 des Grundgesetzes in seiner jetzigen Fassung nach. Denn das Grundgesetz kennt zwar keine ausdrücklichen Rechte des Kindes, wohl aber kennt es explizit ein Elternrecht: »Pflege und Erziehung der Kinder sind das natürliche Recht der Eltern«, heißt es in Artikel 6 Absatz 2 des Grundgesetzes. In Bezug auf das Elternrecht haben sich die Mütter und Väter des Grundgesetzes nicht darauf verlassen wollen, dass sich das gesellschaftliche Selbstverständnis der Elternautonomie schon hinreichend Gehör und Raum in der Rechtspraxis verschaffen werde. Wenn aber das Elternrecht in der Verfassung herausgehoben worden ist, warum dann nicht auch die Rechte des Kindes?

Verrechtlichungsängste: Zu viel Staat in der privaten Familienidylle?

Es bleibt die Frage, was wirklich davon abhält, das Kind aus dem Schatten von bloß mitgedachten Rechten herauszuholen und es in ausdrückliches verfassungsrechtliches Licht zu tauchen. Ein häufig geäußerter Einwand geht dahin, dass auf diese Weise das Eltern-Kind-Verhältnis zu stark verrechtlicht würde. Überhaupt sei das Paradigma von individuellen, klageweise durchsetzbaren Rechten nicht geeignet, das Eltern-Kind-Verhältnis angemessen zu erfassen. Es wird befürchtet, dass Kinderrechte die Familie destabilisieren und desintegrierend wirken. Mit Kinderrechten würden Individualinteressen betont. Dadurch zerfalle die Familie in selbstbezogene Einzelsubjekte. Die Familie werde nicht mehr aus dem Blickwinkel der familiären Gemeinschaft, sondern von einer innerfamiliären Gegenläufigkeit her gedacht. Betreiben wir also mit der Diskussion um Kinderrechte womöglich den »Konkurs der Familie«[9], die Kernspaltung der Keimzelle der Gesellschaft? Befördern wir mit dem Ruf nach mehr Kinderrechten womöglich vor allem die dunklen Seiten von subjektiven Rechten: die Überhöhung von asozialem Eigensinn?[10]

Aber die Bedenken richten sich nicht nur gegen eine zu starke Bemächtigung des Kindes. Zugleich wird auch das Gegenteil, also zu viel staatliche Besserwisserei, befürchtet. Man sorgt sich um die Privatheit der Familie. Wer Kinderrechte stärkt, so wird eingewendet, stärke in erster Linie den staatlichen Einfluss auf die Familie. Solche Bedenken wurzeln wahrscheinlich in einem noch grundsätzlicheren Unbehagen: Sind Kinderrechte vielleicht nur ein Vorwand, um eines der letzten gallischen Residuen von Privatheit einzunehmen? Handelt es sich bei Kinderrechten um rhetorisch geschickt verpackte Trojaner im Interesse der weiteren Emergenz von staatlicher Besserwisserei?

Beiden Vorbehalten ist auf den ersten Blick nur schwer beizukommen. Denn natürlich trifft es zu, dass mit Kinderrechten das Recht und damit der Staat zumindest stückweise ins Kinderzimmer einziehen. Kinderrechte verlängern den Arm des Rechts hinein in die familiäre Lebenswelt des Kindes. Kinderrechte bedeuten Verrechtlichung, und Kinderrechte machen Schluss mit der Vorstellung, dass Familie reine Privatsache sei. Genau hier liegt allerdings der springende Punkt. Dieselben Rhetoriken haben sich schon einmal sehr wirkungsvoll und nachhaltig einem Emanzipationsprozess entgegengestellt, den wir inzwischen als selbstverständlichen Bestandteil unserer Rechtsordnung ansehen: als es um die Rechtsstellung der Frau im Familienrecht und insbesondere im Eherecht ging. Die Lehre vom rechtsfreien Raum und die Idee der Privatheit der Familie trugen beide dazu bei, dass sich die Vorherrschaft des Ehemannes über »seine« Ehefrau und »seine« Kinder bis weit in das 20. Jahrhundert hinein halten konnte. Seither wissen wir um die Ambivalenz von Privatheit in Nähebeziehungen. Denn die Forderung nach Anerkennung von Privatheit kann auch dazu dienen, Bevormundung, Macht und Gewalt zu überdecken und für das Recht unerreichbar werden zu lassen. Dies soll nicht heißen, dass Verrechtlichung immer gut und mehr Recht immer die richtigere Lösung ist. Doch es gilt, sich vor Augen zu halten, dass hier gegen Kinderrechte dieselben Bilder, Rhetoriken und Argumente ins Spiel gebracht werden, die schon einmal einen Emanzipationsprozess behindert haben und die schon einmal über lange Zeit verhindert haben, dass ein eigentlich versprochenes Recht – die Gleichstellung der Frau – auch rechtlich ins Leben gesetzt wurde.

Lieber undeutlich bleiben als das Ziel verfehlen?

Es bleibt eine letzte Gruppe von Einwänden gegen Kinderrechte. Diese Einwände richten sich konkret auf die Frage, ob und wie sich mit den Mitteln des Rechts die Stellung des Kindes tatsächlich verbessern lässt. Es wird davor gewarnt, dass jede stärkere Ausbuchstabierung von Kinderrechten, sei es in der Verfassung, sei es im Familienrecht, auch eine Rückentwicklung bedeuten könne. Mehr Rechte allein, so etwa Bettina Heiderhoff, führen bei Kindern nicht unbedingt zu einer Verbesserung der Rechtsstellung.[11] Weil Kinder sich individuell entwickeln, können pauschale, also alle Kinder gleichmachende Gesetze sehr leicht mehr Nachteile als Vorteile bringen. Überhaupt seien die Lebensbedingungen und Bedürfnisse von Kindern äußerst heterogen. Daher sei es im Grundsatz eine gute Regulierungsstrategie, dass das geltende Recht in Bezug auf das Kind mit Maximen, Leitbildern und Generalklauseln arbeitet. Also: Lieber eine gute Generalklausel als punktuelle schlechte Einzelregelungen, lieber eine deutungsoffene, dynamische, anpassungsfähige und individualisierbare Leitlinie als benannte Befugnisse, fest gefügte Altersgrenzen, vordefinierte Ansprüche und Rechte?

Diese Fragen sind nicht neu. Ob deutungsoffenes Recht besser wirkt als eindeutiges und insbesondere ob die Vorzüge von Generalklauseln ihre Nachteile aufwiegen, hat die wissenschaftlichen Debatten über privatrechtliche Gesetzgebung auch schon vor Inkrafttreten des *Bürgerlichen Gesetzbuchs* beschäftigt. Mit ihm haben sich dann an vielen Stellen die Befürworter von Generalklauseln und ihre günstige Beurteilung von möglichst abstrakten, generellen, zeitlosen, deutungsoffenen Regelungen durchgesetzt. Ihr Vorzug sind ihre Einzelfallorientierung und die mit ihnen eröffneten Individualisierungsmöglichkeiten.[12] Aber dazu müssen die in Generalklauseln und Leitbildern enthaltenen Aufträge auch im Interesse des individuellen Kindes verwirklicht werden. Und genau dort liegt das Problem: Unser Kindschaftsrecht mit seinen Kindeswohlformeln und seinen wohlmeinenden Leitbildern und Maximen klingt zwar gut und hilfreich, »funktioniert« aber ganz offensichtlich nicht. Es fehlt an einem gesicherten Interpretationsklima, in dem die Verpflichtung der Eltern und des Staates auf die Wahrung und den Schutz des Kindeswohls auch tatsächlich verstanden wird als eine Verpflichtung, das individuelle Kind mit seinen konkreten Bedürfnissen und in seiner Rechtssubjektivität zu achten und anzuerkennen. Generalklauseln und Leitbilder sind auf Zustimmung angewiesen. In einem fragilen und volatilen Interpretationsklima fehlt es Generalklauseln und Leitbildern an der normativen Eindeutigkeit, um gegenläufige Deutungen sicher als unzulänglich auszuweisen. Es mag eine Zeit kommen, in der allen selbstverständlich ist, dass Eltern und Staat mit der Verpflichtung auf das Kindeswohl sowohl die Achtung des Kindeswillens als auch die Anerkennung und Verwirklichung der Eigenzuständigkeit des Kindes aufgetragen sind. Solange dies noch nicht der Fall ist, sind Kinderrechte in den Generalklauseln des Kindschaftsrechts und den allgemeinen Grundrechten des Grundgesetzes nur unvollkommen aufgehoben. Wir kommen daher nicht darum herum, die Rechte des Kindes und insbesondere sein Recht auf Eigenzuständigkeit im Einzelnen auszubuchstabieren. Kinderrechte ernst nehmen heißt, sie so im Recht anzulegen, dass sie darin unmissverständlich sichtbar und durchsetzbar sind und dass Zweifel an ihrer Geltung mit der Eindeutigkeit, die ein Gesetz nur haben kann, ausgeschlossen sind.

Einige Folgerungen

Auf diesem Weg ist die Verankerung von Kinderrechten im Grundgesetz daher nur ein erster Schritt. Auch dieses Verfassungsversprechen muss erst noch eingelöst werden. Die eigentliche Arbeit steht dann noch bevor. Kinderrechte ernst zu nehmen heißt, das Recht des Kindes auf Eigenzuständigkeit in eigenen Angelegenheiten und die Beachtung des Kindeswillens so zu garantieren, dass Kinder dies auch umsetzen können. Es wäre bereits ein erster und wichtiger Schritt, die Eigenzuständigkeit des Kindes im Zusammenhang mit der elterlichen Sorge vom bloßen Erziehungsleitbild, wie dies bisher der Fall ist, zu einem expliziten Recht des Kindes zu erheben. § 1626 Absatz 2 BGB könnte etwa lauten: »Das Kind hat ein Recht darauf, dass die Eltern bei der Pflege und Erziehung die wachsende Fähigkeit des Kindes zu selbstbestimmtem Handeln und Entscheiden achten.« Außerdem sollten weitere Selbstentscheidungsrechte des Kindes ausdrücklich garantiert werden, genauso wie es derzeit für die Religionsfreiheit des 14-jährigen Kindes geregelt ist. Hier wird man nicht darum herumkommen, Sachbereiche zu definieren – wie etwa medizinische Behandlungen, Bestimmung der Geschlechtszugehörigkeit, andere Entscheidungen über das körperliche Erscheinungsbild etc. – sowie sich über Altersgrenzen und subjektive Voraussetzungen, also die nötige Einsichts- und Urteilsfähigkeit zu verständigen. Viele scheuen vor dieser Aufgabe zurück. Aber was spräche wirklich dagegen, dem Kind bei Entscheidungen über notwendige medizinische Behandlungen, wenn zwischen Eltern und Kind hierüber keine Einigkeit erzielt werden kann, ab einem Alter von 14 Jahren das letzte Wort einzuräumen, soweit es dem Kind nicht nachweislich an der Einsichts- und Urteilsfähigkeit mangelt? Gemessen an der Scheu der Gerichte, im Konfliktfall zugunsten der Selbstentscheidung des Kindes und nicht der Eltern zu entscheiden, wäre eine ausdrückliche Regelung auch in der schwierigen Frage des Schwangerschaftsabbruchs wünschenswert. Das französische Recht zum Beispiel weist diese Entscheidung explizit und ohne Altersgrenze der minderjährigen Schwangeren zu, unter der Voraussetzung, dass sie sich von einer volljährigen Person ihrer Wahl, nicht notwendig ihren Eltern, begleiten lässt Klarzustellen wäre auch das Recht des Kindes auf Selbstentscheidung über seine geschlechtliche Identität. Und vor allem sind gesetzliche Regeln erforderlich, die es dem Kind ermöglichen, seine Rechte und Ansprüche auch selbständig gerichtlich geltend zu machen. Dies setzt Änderungen des Verfahrensrechts voraus (Beteiligtenfähigkeit) und erfordert weitere institutionelle Absicherungen, etwa in Gestalt von Kindesbeiständen und anderen, auch finanziellen, Verfahrenshilfen.

Kinderrechte sind kein Wundermittel

So erstrebenswert es auch ist, die Rechte des Kindes im Grundgesetz zu verankern, im einfachen Recht zu verdeutlichen und auszubauen sowie Kindern mehr Ansprüche, ausdrückliche Beteiligungsrechte und Verfahrenshilfen an die Hand zu geben – Rechte allein sind kein Wundermittel. Neue Grundgesetzartikel ändern noch nichts an den vielfältigen Gefährdungen der Lebenswelt von Kindern. Kinderrechte sind kein Politikersatz. Mit Kinderrechten allein ist der besonderen Verletzlichkeit von Kindern nicht beizukommen. Vernachlässigung, Missbrauch und Armut sowie Krankheit, Überforderung, Angst und Ausgrenzung werden auch mit mehr und deutlicheren Bekenntnissen zu Kinderrechten weiterhin die zentralen Gefährdungen einer guten, gelingenden Kindheit sein. Dagegen mag die Forderung nach deutlicheren Selbstentscheidungsrechten von Kindern etwa bei medizinischen Behandlungen nach einem Luxusproblem klingen. Aber es geht darum, wie ernst wir es mit der Verfassung und der Konzeption unserer Kinderrechte meinen. Es gilt, ein über lange Zeit gebrochenes Versprechen endlich einzulösen, indem Kinder in der alltäglichen Gerichtspraxis nicht nur Gehör finden, sondern eindeutige, unabweisbare Rechte und entsprechende verfahrensrechtliche Befugnisse erhalten. Mit Kinderrechten wird Kindern endlich die rechtliche Stimme gegeben, die ihnen schon im Jahr

1949 versprochen wurde. Die Forderung nach mehr und insbesondere nach ausdrücklich im Grundgesetz verankerten Kinderrechten gleicht daher weder einem Paradigmenwechsel noch bloßer Symbolik. Es gilt zu vollenden, was im 19. Jahrhundert mit dem Jugendschutz und dem Bildungsanspruch des Kindes seinen Anfang genommen hat und mit dem Grundgesetz bereits versprochen wurde: die Emanzipation des Kindes im Recht.

Anmerkungen

1 Vgl.: zum Folgenden die Beiträge in Anne Röthel, Bettina Heiderhoff (Hrsg.): *Mehr Kinderrechte? Nutzen und Nachteil.* Frankfurt am Main 2018 sowie Friederike Wapler: *Kinderrechte und Kindeswohl. Eine Untersuchung zum Status des Kindes im öffentlichen Recht.* Tübingen 2015, S. 497 ff.

2 Vgl. Anne Röthel:»Das Recht der Elternverantwortung. Konzeption, Organisation, Strukturierung«, in: *Juristenzeitung* 73 (2018), S. 803–810.

3 Großen Anteil daran hat die besondere Verflochtenheit der Familienrechtswissenschaft mit der Praxis; dazu näher Anne Röthel:»Zwischen Politisierung und Redogmatisierung: Die Familienrechtswissenschaft der Berliner Republik«, in: Thomas Duve, Stefan Ruppert (Hrsg.): *Rechtswissenschaft in der Berliner Republik.* Frankfurt am Main 2018, S. 579–607.

4 Bundesverfassungsgericht, Urteil vom 01.04.2008 – Az. 1 BvR 1620/04, in: *Entscheidungen des Bundesverfassungsgerichts (BVerfGE) Bd. 121,* 69 (92).

5 Bundesverfassungsgericht, Urteil vom 09.02.1982 – Az. 1 BvR 845/79, in: *Entscheidungen des Bundesverfassungsgerichts (BVerfGE) Bd. 59,* 360 (382).

6 So das Resümee für das Eherecht von Arne Duncker: *Gleichheit und Ungleichheit in der Ehe.* Köln 2003, insbesondere S. 1103 ff.

7 Bundesgerichtshof, Urteil vom 16.11.1971 – Az. VI ZR 76/70, in: *Neue Juristische Wochenschrift* 1972, 336 (337).

8 Bundesgerichtshof, Urteil vom 10.10.2006 – Az. VI ZR 74/05, in: *Neue Juristische Wochenschrift* 2007, 217 (218).

9 Angelehnt an Dieter Schwab: *Konkurs der Familie?* München 1994.

10 Vgl. Christoph Menke: *Kritik der Rechte.* Berlin 2015, S. 173 ff.

11 Bettina Heiderhoff:»Kinderrechte – ein Überblick«, in: Röthel, Heiderhoff 2018, S. 9–27.

12 Anne Röthel: *Normkonkretisierung im Privatrecht.* Tübingen 2004.

Gottfried Schweiger
Warum Kinder arm sind
Anklageschrift inklusive Urteilsverkündung

Wenn ich mir den öffentlichen und politischen Diskurs über Kinderarmut hier, also in Deutschland oder Österreich, vor Augen führe, nehme ich ein paradoxes Phänomen wahr. Auf der einen Seite wird Kinderarmut in reichen Ländern gerne ignoriert oder heruntergespielt,[1] manchmal auch beides zugleich. Es gäbe hier gar keine »echte« Kinderarmut, und was als solche bezeichnet wird, sei eigentlich viel harmloser als die »echte« Kinderarmut, die ganz woanders zu finden ist, nämlich in Afrika oder Asien, jedenfalls weit weg von Deutschland oder Österreich. Diese Strategie der Verharmlosung und des Wegwischens ist schamlos und zynisch. Sie ignoriert soziale Realitäten und missachtet das Wissen, das die Armutsforschung über die vielen Nachteile, die arme Kinder in ihrem Leben erfahren müssen, generiert.

Gegenläufig dazu, die andere Seite, auf der gerade politische Akteure sehr wohl Mitleid äußern, obgleich sie die Verhältnisse, unter denen Kinder leben müssen, geschaffen haben. Die Verfechter eines neoliberalen Sozialabbaus oder populistischen Wohlfahrtschauvinismus würden Kinder, insbesondere junge, nie direkt angreifen und eine Verschlechterung ihrer Lebensbedingungen fordern. Kinder, gedacht in der Einheit der traditionellen Kleinfamilie unter mütterlicher Fürsorge und väterlicher Strenge, gelten hier immer auch als schützenswertes Gut – zumindest wird dies verbal so vorgespiegelt, auch wenn die politischen Maßnahmen wie Hartz IV in Deutschland oder die in Österreich diskutierte Kürzung der Sozialhilfe dann das Gegenteil erzeugen und Kinder überhaupt erst in Armut und Not bringen.

Kinderarmut als gesamtgesellschaftliches Phänomen zu diskutieren, ist vielschichtig und in der Forschung keineswegs unkompliziert zu untersuchen. Allein die Frage, wer überhaupt ein Kind ist,[2] kommt in vielen Diskussionen zu kurz. Das scheint nicht schwer zu beantworten zu sein, ist es aber dann doch, denn Kindheit ist vor allem eine soziale Kategorie. Es gibt natürlich typische, biologisch feststellbare Unterschiede zwischen Kindern und Erwachsenen, obwohl es auch hier Varianz gibt. Unsere sozialen Kategorien bilden diese biologischen Unterschiede nicht einfach ab, sondern bauen auf ihnen auf und machen sehr viel mehr daraus. Es werden Altersgrenzen gezogen, die immer auch willkürlich sind. Wieso ist man bis zum Alter von 18 Jahren ein Kind und nicht bis 17 oder 20? Wieso dürfen 16-jährige Jugendliche nicht wählen, aber 18-jährige schon, obwohl es eigentlich keine hinreichenden Gründe für diese politische Grenzziehung gibt?[3] In der Bildung der sozialen Kategorie des Kindes spielt die Infantilisierung von Kindern eine große Rolle, also ihre pauschale Abwertung als unvernünftig, leicht manipulierbar und naiv. Kinder als Mängelwesen, die dem Ideal des vernünftigen, meinungsstarken, autonomen und für sich selbst sorgenden Erwachsenen noch nicht entsprechen. Man könnte vermutlich auch von einem »weiblichen« Bild des Kindes sprechen, zumindest in historischer Perspektive, da viele Eigenschaften, die Kindern heute zugeschrieben werden, früher – und leider teilweise auch noch heute – als typisch weiblich galten. Für die Frage nach der Kinderarmut spielt unser Bild vom Kind eine große Rolle. Ich vermute, dass unser Mitleid mit armen Kindern abnimmt, je älter sie werden. Jüngere Kinder erfüllen eher die Vorstellungen der verletzlichen und schwachen, aber vor allem unschuldigen Wesen, denen Erwachsene zu Hilfe kommen, da sie die Anstrengung zu einem adäquaten Leben nicht selbst schaffen. Sobald es sich um ältere arme Jugendliche, insbesondere männliche, handelt, werden sie oft nicht mehr als schutzbedürftige Kinder mit besonderen Rechten gesehen, sondern als soziale Problemfälle, die wegen ihres erhöhten Risikos zu antisozialem Verhalten und Delinquenz überwacht und eher mit dem Stecken als mit der Karotte geführt werden müssten. Sie werden tendenziell als gefährlich eingestuft und jedenfalls auf dem Weg zu einem Leben auf staatliche Kosten, da sie nicht bereit seien, in Schule und Ausbildung zu investieren und sich den vorgegebenen Arbeitsnormen und -tugenden zu unterwerfen, sondern untätig im öffentlichen Raum herumsitzen, zu früh Drogen konsumieren und zu früh Kinder zeugen würden, die wiederum staatlich unterstützt werden müssten, und mit dem Gesetz in Konflikt geraten würden. Bei einer besonders vulnerablen Gruppe, der minderjährigen Flüchtlinge, wird das Kindheitsbild deutlich herausgefordert. Sie werden bei Verdacht sogar behördlich darauf getestet, ob sie noch Kinder sind, und immer wieder wird ihnen von der Medienberichterstattung unterstellt, dass sich hier erwachsene Männer als Kinder tarnen würden, um den Staat und seinen Schutz auszunutzen: Der »farbige« Jugendliche, der eigentlich ein Mann ist und wohlfahrtsstaatlich versorgt am Bahnhof herumhängt, »unsere« Werte ignorierend und »unsere« Schwäche heimlich auslachend auf der Suche nach der »weißen« Frau oder dem »weißen« unschuldigen Mädchen, um es zu verführen. Dass die allermeisten minderjährigen Flüchtlinge tief traumatisiert sind, dem Elend und Krieg entflohen, auch hier oft keine Aussichten auf ein gutes Leben haben, sondern in prekären Lebens- und Wohnsituationen und am unteren Rand der Gesellschaft aufwachsen, spielt keine Rolle.

Alles andere als simpel ist auch die Frage, wie Kinderarmut konzeptioniert und gemessen wird. Die europäische Statistik spricht für das Jahr 2018 von 264 000 Kindern und Jugendlichen (bis 16 Jahre), die in Österreich in armutsgefährdeten Haushalten lebten. Das ist fast ein Fünftel aller österreichischen Kinder. In Deutschland waren es etwas über 1,7 Millionen Kinder, also 14,4 Prozent aller Kinder in Deutschland.[4] Der Indikator der Armutsgefährdung bezieht sich auf den Haushalt und meint ein Unterschreiten von 60 Prozent des nationalen Medianeinkommens, in Deutschland das sogenannte mittlere Einkommen. Es gäbe noch eine ganze Reihe anderer Messinstrumente, etwa solche, die sich auf materielle Güter wie eine Waschmaschine oder ein Auto beziehen, die sich in einer Gesellschaft jeder leisten können sollte (materielle Deprivation), solche, die andere Einkommensgrenzen anlegen, oder solche, die sich auf Dinge beziehen, die Kinder selbst für wichtig halten, wie Spielzeug und Freunde einladen. Unabhängig davon, welche Instrumenten angelegt werden: Es ist damit immer nur eine Annäherung an das Phänomen der Kinderarmut möglich, nicht die Ausleuchtung der Details der Entbehrungen, aber auch kleinen und großen Freuden im Leben dieser Kinder.

Wer aber behaupten würde, Kinderarmut in reichen Ländern sei gar keine Armut, liegt falsch. Soziale Phänomene, wie Armut eines ist, können unterschiedlich ausgeprägt sein und beziehen sich immer auch auf die Gesellschaft, in der sie untersucht werden. Man kann das relative Armut nennen, also Armut, deren Kern darin liegt, dass die Kinder zu wenig haben, um am Standard der Gesellschaft, in der sie leben, teilhaben zu können. Das heißt aber nicht, dass solche Armut beliebig ist oder hier Etikettenschwindel betrieben wird. Natürlich sind die jeweils angelegten wissenschaftlichen Maßstäbe diskussionswürdig.[5] Und zwar unter vielen Gesichtspunkten. Man kann fragen, ab welcher Einkommensgrenze eine Familie in Deutschland oder Österreich arm ist und zu wenig hat, um am gesellschaftlichen Leben ausreichend teilhaben zu können. Man kann fragen, mit welchen Gütern wir die Armut von Kindern und Jugendlichen messen sollten – ist man schon arm, wenn man nur ein paar alte Kleidungsstücke besitzt, kein Handy hat oder nicht mit den Eltern in Urlaub fahren kann? Man kann fragen, ab welchem Grad der Ungleichheit wir von Kinderarmut sprechen sollten, also wie viel weniger einige Kinder als andere Kinder haben müssen, um als arm zu gelten. Das sind alles berechtigte Fragen, die sich Forscherinnen immer wieder stellen und die auch immer wieder anders und neu beantwortet werden müssen. Gesellschaften unterscheiden sich ja nicht nur voneinander, sondern sie unterscheiden sich auch von sich selbst, weil sie einer je spezifischen Geschichte und Entwicklung unterliegen. Vor 100, selbst vor 30 Jahren, gab es keine Smartphones und kein Internet. Das hat sich genauso verändert wie der Preis einer Wohnung und der einer Wurstsemmel. Armut ist immer ein beschreibender und ein normativ-wertender Begriff, ja auch ein ethischer, weil er sich darauf bezieht, was als gutes Leben verstanden wird und welche (Konsum-)Güter wichtig sind.[6]

Aufwachsen in Armut und die Spitze der sozialen Ungleichheit

Kinderarmut hängt eng mit sozialer Ungleichheit zusammen, aber sie ist nicht bloße Ungleichheit im Sinne einer neutralen Differenzierung. Es ist wichtig, zu verstehen, dass es hier darum geht, dass arme Kinder nicht einfach *weniger* besitzen als ihre Altersgenossen, sondern *zu wenig* haben – zu wenig, gemessen an einem sozialen Maßstab, der je nach Gesellschaft und ihrem Wohlstandsniveau variiert –, wobei je nach Armutskonzept unterschiedlich akzentuiert wird, *wovon* Kinder in Armut zu wenig haben. Kinderarmut ist in soziale Ungleichheit eingebettet und perpetuiert sie. Eingebettet deshalb, weil Kinder auf die Welt kommen und ihnen die soziale Position ihrer Eltern einen Stempel aufdrückt. Ihre Entwicklungschancen sind von vornherein dadurch determiniert, wessen Kinder sie sind. Die soziale Ungleichheit einer Gesellschaft schreibt sich, sofern nicht politisch radikal gegengesteuert wird, in die nächste Generation ein und demnach insgesamt fort. Dadurch wird soziale Ungleichheit, die meist anhand der Güter der Erwachsenen gemessen wird, wie etwa Einkommen, Vermögen, Arbeit, Bildungsabschlüsse, für die kindliche Lebenswelt relevant. Es können jedenfalls zwei Perspektiven auf Kinderarmut unterschieden werden: Auf der einen Seite kann der kindzentrierte Blick danach fragen, wie es Kindern in Armut geht, wie ihr Leben und ihre Gefühls- und Erfahrungswelt aussehen. Auf der anderen Seite kann der Blick auf Kinder als künftige Erwachsene gerichtet werden, also gefragt werden, welche langfristigen Folgen ein Aufwachsen in Armut hat und wie die Transmission von sozialer Ungleichheit über die Generationen funktioniert.

In Armut aufzuwachsen ist unfair, leidvoll und schädlich.[7] Es ist dem kindlichen Wohlergehen unzuträglich. Kinder in armen Haushalten sind öfter krank, leiden unter seelischen Problemen und fühlen sich sozial ausgegrenzt. Arm zu sein bedeutet schlicht und einfach, auch weniger Geld für Dinge zu haben. In einer Geldgesellschaft, wo man fast alles kaufen muss, heißt das eben zwangsläufig, weniger zu haben. Und die Kinder wissen das, und sie wissen, was sie und ihre Eltern sich leisten können und was andere Kinder so alles haben. Da hilft die Beschwichtigungsformel, dass man die wichtigen Dinge im Leben nicht kaufen könnte, rein gar nichts. Und es hilft auch keinem – vor allem den Kindern nicht –, darauf hingewiesen zu werden, dass man doch auch mit weniger glücklich sein könne oder dass früher sowieso alle viel weniger gehabt hätten. Schon gar nicht, wenn diese neunmalklugen Weisheiten, die ein soziales Problem und die Erlebniswelt der schwächsten Gesellschaftsmitglieder herunterspielen, von jenen präsentiert werden, die soziale Entbehrung nur aus dem Fernsehen kennen oder solche schlauen Meldungen gar aus Positionen der politischen Macht und mit ziemlich viel Geld unterfüttert vorbringen. Das ist zynisch. Es macht nicht nur keinen Spaß, in einer schimmligen Wohnung zu leben oder hin und wieder im Sozialmarkt einkaufen zu müssen oder Hilfe bei den Tafeln zu suchen, sondern auch krank, traurig und depressiv. Und an die Märchen, dass man es mit Fleiß einmal zu was bringen könnte, glauben auch nicht alle, denn sie sehen, wohin Fleiß und Arbeit ihre eigenen Eltern gebracht haben, nämlich zum Sozial- und Arbeitsamt, in den Niedriglohnjob oder ins nicht alimentierte Prekariat.

Man muss demnach kein Prophet sein, um zu erkennen, dass ein Aufwachsen in Armut auch mittel- und langfristige Folgen für diese Kinder hat. Kindheit ist eine prägende Phase für viele Bereiche: unter anderem für Gesundheit, Bildung und Selbstvertrauen. Kinder, die in Armut aufwachsen, sind häufiger auch als Erwachsene arm, schlechter gebildet, häufiger arbeitslos, kränker und haben seelische Leiden. Warum das so ist, ist nicht ganz geklärt, da die kausalen Zusammenhänge nicht ohne Weiteres erforscht werden können und eine Vielzahl an Faktoren hier eine Rolle spielt. Das ändert aber nichts an den Ergebnissen und den Nachteilen, die sich stabil halten und zäh sein können. In der

Kindheit wird enorm viel Wissen generiert und werden Fähigkeiten in einem kurzen Zeitraum erworben. Was in der Kindheit allerdings fehlt oder zu kurz kommt, das lässt sich im Erwachsenenalter nicht so einfach aufholen, und zwar sowohl weil Erwachsene anders lernen und weniger flexibel sind als auch weil das Erwachsenenleben mit anderen Verpflichtungen und Aufgaben gefüllt ist. Die Kindheit ist eine Lern- und Schutzzone, die weitestgehend frei sein sollte von Stress, finanziellen Sorgen, Fürsorgepflichten für sich selbst und andere Menschen, Leistungsdruck und Beschämung. Im Leben von armen Erwachsenen spielen all diese anstrengenden Dinge eine raumfüllende Rolle – wie soll es da gelingen, zusätzlich auch noch Versäumnisse der eigenen Kindheit zu kompensieren? Dabei muss auch berücksichtigt werden, welch großen Einfluss Selbstvertrauen, Mut, Freude und die Fähigkeit, sich Ziele zu setzen und positiv in die Zukunft zu blicken, darauf haben, wie wir uns verhalten, was wir tun und uns selbst zutrauen. Ohne diese Kompetenzen und das Vertrauen in sich selbst können Chancen und Hilfsangebote gar nicht richtig genutzt werden, und es liegt nicht an einem selbst, wenn einem die Fähigkeiten dazu fehlen. So wie für fast alles, was unsere Persönlichkeit ausmacht, spielen auch hier die Umgebung, in der wir aufwachsen, und frühe prägende Interaktionen und Erfahrungen eine große Rolle.

Die Schuldfrage, politisches Versagen und das Nach-unten-Treten

Kinderarmut ist keine Krankheit, die einen unvermittelt trifft, oder eine Naturkatastrophe. Kinderarmut ist ein sozial erzeugtes und stabilisiertes Phänomen – es müsste keine Kinderarmut geben, zumindest nicht in der Form, wie sie heute auch in reichen Ländern wie Deutschland oder Österreich verbreitet ist. Es müsste keine Familie zum Sozialmarkt gehen, müssten keine Kinder in schimmligen, dunklen und lauten Zimmern schlafen, und es müsste auch niemand so wenig Geld zur Verfügung haben, dass damit gerade einmal das Allernötigste und manchmal nicht einmal das bezahlt werden kann. Eben weil Kinderarmut nicht sein muss, ist es paradox, dass sie so achselzuckend geduldet wird und es nur so wenige (politische) Anstrengungen gibt, sie nachhaltig zu beseitigen, auch wenn manche den Sozialstaat nicht schlechtgeredet haben wollen.[8] Es geht hier auch um Schuld, also um die Frage, warum es Kinderarmut in einem reichen Land gibt. Es geht auch um Verantwortung, wer also hier endlich etwas tun sollte, damit alle Kinder ein ausreichend gutes Leben führen können. Es geht aber auch darum, wie mit armen Kindern und Familien umgegangen wird: Wenn man ihnen schon nicht ordentlich hilft, dann könnte man wenigstens erwarten, dass man ihre Not nicht auch noch vergrößert und sie mit Verachtung straft. An vier Aspekten möchte ich das noch einmal verdeutlichen:

Erstens können Kinder in keinem irgendwie vernünftigen Sinne für ihre eigene Lebenssituation verantwortlich gemacht werden. Kein Kind kann etwas dafür, die Tochter eines Managers zu sein oder der Sohn einer arbeitslosen alleinerziehenden Mutter. In welche Familie man geboren wird, ist schlicht und einfach Zufall. Für solche Kontingenz kann man nichts, und man sollte sich daher auch nichts darauf einbilden (was ja manche tun). Kinderarmut und Familienarmut gehen fast immer Hand in Hand. Nicht nur können Kinder also nichts dafür, dass sie in eine arme Familie hineingeboren wurden, sie können auch fast nichts dagegen tun. Besonders junge Kinder, also Babys oder Grundschulkinder, sind fast vollständig darauf angewiesen, was ihre Eltern oder andere Erwachsene ihnen bereitstellen. Kinder können (und sollen) sich nicht selbst erziehen, bilden, und sie können sich auch nicht selbst aus ihrer Armut befreien. Kinderarbeit ist zum Glück verboten, obwohl das nicht immer so war und auch jetzt noch nicht überall so ist.[9] Und auch als Jugendlicher sind die Möglichkeiten, sich selbst aus der Armut zu befreien, begrenzt, und vor allem sollte es nicht so sein, dass 15-, 16- oder 17-Jährige schon ganz für sich alleine oder gar andere Familienangehörige sorgen oder diese finanziell tragen müssen. Auch die Jugend ist noch eine Zeit des Lernens und Ausprobierens, eine Phase, in der das Erwachsenenleben und seine vielen Zwänge zwar nicht mehr vollständig, aber doch zu einem guten Teil erst Zukunft sein sollen und nicht Gegenwart.

Zweitens wäre die Behauptung, an der Armut der Kinder wären nur oder primär deren Eltern schuld, nicht nur nutzlos, sondern auch falsch. Nutzlos, denn Kinder können nichts für die Fehler (oder Erfolge) ihrer Eltern. Darüber hinaus sind sie bei allem, was ihre Eltern vielleicht falsch machen, Menschen mit eigenen Rechten und einem Anspruch darauf, dass es ihnen gut geht und der (Sozial-)Staat für sie sorgt. Es wäre geradezu zynisch, die Kinder dafür zu bestrafen, dass ihre Eltern arm sind, und ihnen deswegen nicht zu helfen, weil man glaubt, dass dies fair gegenüber ihnen oder ihren Eltern wäre. Fair wäre einzig, wenn diese Kinder die gleichen Chancen bekommen wie alle anderen Kinder, wenn sie auch ein angenehmes Leben und eine unbeschwerte Kindheit hätten. Die Familie ist eine schwer aufzuschnürende Einheit – gerade von konservativer Seite wird ihre Unantastbarkeit, ja »Heiligkeit« betont –, in der aber die Bedürfnisse der schwächsten Mitglieder, nämlich jene der Kinder, Priorität haben sollten. Das Kindeswohl darf nicht geopfert werden, um den Eltern eins auszuwischen. Die Schuldfrage den Eltern zuzuschieben und damit letztlich das Kindeswohl zu gefährden ist also nicht nur nutzlos, sondern oft genug ist der Eindruck, die Eltern verantwortlich zu machen, auch einfach falsch. Dafür gibt es eine ganze Reihe an Gründen, von denen ich nur ein paar nennen will. Arbeitslosigkeit ist fast immer unfreiwillig und hat viel damit zu tun, welche Jobs gerade benötigt werden und welche nicht. Viele können gar nicht arbeiten, sei es, weil sie krank oder durch eine Behinderung eingeschränkt, weil sie sich um kleine Kinder oder Angehörige kümmern müssen oder auch, weil sie hier legal nicht arbeiten dürfen, obwohl sie hier leben. Daneben gibt es eine relativ große Anzahl an Menschen, die zwar arbeitet, aber deren Lohn so gering ist, dass er nicht vor Armut schützt. Dazu kommen Schicksalsschläge wie eine plötzliche schwere Krankheit (der Partnerin oder des Partners) oder eine Scheidung. Das alles sind Armutsfallen, und wieder ist das Risiko, in eine solche zu tappen, ungleich verteilt. Es trifft Menschen, die bereits aus sozial schwächeren Familien und Schichten kommen, häufiger, da deren soziale Netzwerke und finanzielle Reserven geringer sind. Im Hintergrund stehen die ungleichen Chancen, die von Anfang an das Leben prägen. Erfahrungen der Armut und Vernachlässigung in der eigenen Kindheit, das Fehlen von echter Bildungsgleichheit oder Förderung der eigenen Talente. Alles, was soziale Ungleichheit hervorbringt, perpetuiert sich durch sich selbst und macht es so schwer, dauerhaften sozialen Aufstieg zu schaffen – wenn die Politik und die Gesellschaft sich nicht ernsthaft dafür einsetzen.

Drittens ist Kinderarmut in einem reichen Land und angesichts der übermäßig vorhandenen finanziellen Ressourcen auch unabhängig jeder Schuldfrage skandalös. Allen politischen und auch medialen Versuchen, es gegenteilig darzustellen, zum Trotz, könnten es sich Deutschland und Österreich sehr gut leisten, Kinderarmut vollständig zu beseitigen. Damit ist noch gar nichts über die richtigen oder konkreten Maßnahmen gesagt, also ob zum Beispiel eine Kindergrundsicherung oder eine Erhöhung der Transferzahlungen hier der (einzig) gangbare Weg wären. Es genügt schon, sich vor Augen zu führen, wie die Vermögen in den reichen Ländern des globalen Nordens verteilt sind, um zu erkennen, dass hier etwas gewaltig schiefläuft. Obwohl die Datenlage recht schlecht ist – da sich die Reichsten der Reichen nicht gerne in die Karten bzw. Konten schauen lassen –, belaufen sich Schätzungen darauf, dass in Österreich die »armen« 50 Prozent der Bevölkerung gerade einmal zwei bis drei Prozent des Vermögens besitzen, während die reichsten zehn Prozent 50 bis 70 Prozent besitzen.[10] In Deutschland sieht es nicht großartig anders aus.[11] Wenn man annimmt, dass alleine das Finanzvermögen in Österreich irgendwo jenseits der 640 Milliarden Euro, in Deutschland bei 6,4 Billionen angesiedelt ist, dann gibt es also genug Mittel, um allen Kindern und Jugendlichen und ihren Familien, die in armutsgefährdeten Haushalten leben, aus ihrer Lage zu verhelfen. Wieso dennoch hilfreiche Maßnahmen, wie die Erbschafts- und Schenkungssteuer, als Angriff auf die Breite der Bevölkerung verklärt und dahin gehend von sehr vielen Menschen abgelehnt werden? Diese Frage bedarf fast einer psychotherapeutischen Analyse und keiner ökonomischen, denn Ökonomen sind sich einig darin, dass solche Vermögenssteuern sinnvoll sind.[12] Und die soziale Schädlichkeit der Konzentration von Vermögen (und damit auch von anderen immateriellen Gütern wie Bildung, Macht und politischem Einfluss) wird bislang noch viel zu wenig öffentlich und politisch diskutiert.[13] Stattdessen werden Mythen weitertradiert, dass die Vermögenden ihren Reichtum im Schweiße ihres Angesichts aufgebaut und somit verdient hätten und obendrein noch Jobs schaffen würden, sozial wohltätig seien und enorme Steuern zahlen würden.

Viertens sollte man sich, wenn man den armen Familien und diesen Kindern schon nicht helfen will, wenigstens damit zurückhalten, sie auch noch andauernd zu drangsalieren und zu verspotten. Erwiesenermaßen schämen sich Menschen in Armut, und ihr Selbstwert und ihre Selbstachtung leiden darunter – teils so stark, dass sie sich deshalb aus sozialen Beziehungen und der Öffentlichkeit zurückziehen.[14] Die Armen werden als faule Sozialschmarotzer bezeichnet, und ihre Armut wird zu einer sozialen Gefahr hochstilisiert, der man mit Überwachung und Bestrafung begegnen müsse. Man kann davon ausgehen, dass es hier um politisches Kalkül geht und darum, Sündenböcke zu schaffen, um von eigentlichen Problemen und sinnvollen Lösungsvorschlägen abzulenken. Anstatt sich darum zu kümmern, dass alle Kinder die gleichen Chancen vorfinden – das war mal ein sozialstaatliches Versprechen, dem auch die marktwirtschaftliche Leistungsgesellschaft zugestimmt hat –, bleiben die Transferleistungen niedrig und werden hin und wieder mit einer menschenverachtenden Rhetorik unterlegt, die nahelegt, dass es wohl besser wäre, wenn es diese Kinder gar nicht gäbe. Das ist populistischer Wohlfahrtschauvinismus in Reinform.[15] Bedauerlich, dass gerade jene Bevölkerungsschichten solchen Stereotypen und Stigmatisierungen auf den Leim gehen, die am wenigsten zu gewinnen, aber durch den Abbau des Sozialstaates viel zu verlieren haben, weil sie eben nicht zu den sozioökonomisch Bessergestellten gehören.

(Radikale) Lösungsvorschläge?

Was also tun angesichts dieser Misere? Was schulden wir diesen armen Kindern und ihren Familien und wer ist dieses »Wir« eigentlich? Kinderarmut muss vor allem in einer politischen Dimension begriffen werden: Erstens, weil sie viele Politikfelder berührt: Soziales, Bildung, Gesundheit, Wirtschaft. Das legt nahe, dass eine umfassende Lösung des Problems das Drehen mehrerer Stellschrauben verlangt. Es geht um ein größeres Geldvolumen, um besser ausgestattete Schulen, Gesundheitsangebote, die bei den Kindern ankommen und wahrgenommen werden, es geht um Jobs, von denen man gut leben und eine Familie versorgen kann (und um Jobs, die eine gute Vereinbarkeit von Beruf und Familie möglich machen). Zweitens könnte die Politik viel mehr tun, als sie bislang tut, und vor allem müsste sie Weitblick beweisen: Im Sozialsystem zu sparen, nutzt dem Budget nicht, sondern macht den Kindern und ihren Familien das Leben nur schwerer. Es ist mittel- und langfristig sogar teurer, hier zu sparen, denn arme Kinder verursachen mehr Folgekosten, wenn sie später schwerer einen Job finden oder häufiger krank sind. Drittens ist die Bekämpfung von Kinderarmut eine politische – durchs Grundgesetz geforderte – Aufgabe, die nicht auf private Personen oder Organisationen abgewälzt werden sollte. Es macht einen bedeutenden Unterschied, ob man ein Recht darauf hat, als Kind und Familie versorgt zu werden, wenn es nicht anders geht, oder ob man dafür als Bittsteller auftreten muss, der auf die Gnade und das Wohlwollen anderer angewiesen ist.[16] Die Abhängigkeit von Spenden durch private Personen und Organisationen ist für die Betroffenen entwürdigend und sollte für jeden Sozialstaat eine Schande sein. Natürlich ist die private Hilfe besser als gar keine, und all jenen, die sich hier engagieren, muss man dankbar sein. Dennoch ist das kein adäquater Ersatz für staatliche Leistungen.

Zum Abschluss möchte ich zwei Lösungsvorschläge diskutieren: eine Kindergrundsicherung und eine ökonomische Aufwertung von Erziehungs- und Fürsorgearbeit. Die Kindergrundsicherung zielt darauf ab, dass für jedes Kind ein ausreichend hoher Geldbetrag zur Verfügung gestellt wird – die Volkshilfe Österreich hat einen Maximalbetrag von 625 Euro pro Kind und Monat veranschlagt, der sich bei höherem Einkommen auf den Minimalbetrag von 200 Euro reduziert,[17] die Zahlen für Deutschland, die von Irene Becker vorgelegt wurden, sind in ähnlicher Höhe angesiedelt und sehen einen Maximalbetrag von 613 Euro pro Monat für jedes Kind als Existenzminimum vor.[18] Eine ökonomische Aufwertung der Erziehungs- und Fürsorgearbeit sieht dagegen die bessere Entlohnung der Tätigkeit von Personen vor, die sich um Kinder kümmern. Unabhängig davon, ob diese Varianten den Staat letztlich gleich viel oder weniger Geld kosten würden, implizieren sie unterschiedliche normative und ethische Grundlagen. Die Kindergrundsicherung stellt das Kind in den Mittelpunkt und fragt danach, wie viele (ökonomische) Ressourcen ein Kind benötigt, um ein ausreichend »gutes« Leben zu führen. Die Eltern bzw. Erziehungsberechtigten, auf deren Konto das Geld auftaucht, treten »nur« als Verwalter auf, die dieses Geld im Sinne ihrer Kinder ausgeben sollen. Die Kindergrundsicherung versteht das Kind als ein Subjekt mit Rechten und einem Anspruch auf ein angenehmes Leben. Auch wenn die Kindergrundsicherung noch immer stark an die Institution der Familie gebunden ist – obwohl man natürlich überlegen könnte, dass die Kindergrundsicherung ab einem gewissen Alter zumindest teilweise oder vollständig direkt an die Kinder gezahlt wird – drückt sie doch aus, dass die Kinder und ihr Wohlergehen im Vordergrund stehen und nicht die Eltern. Aus der Kindergrundsicherung könnte ein weiterer Vorteil hervorgehen, nämlich ein gesteigertes Anspruchsdenken von Kindern bzw. ein gesellschaftliches Bewusstsein darüber, dass Kinder berechtigte Ansprüche – sowohl dem Sozialstaat als auch ihren Eltern gegenüber – besitzen.

Das Modell eines »Elterngehalts« hingegen bezieht sich auf den Anspruch, dass Erziehungs- und Fürsorgearbeit eben genau das ist – eine anstrengende und zeitraubende Tätigkeit, also das, was man Arbeit nennen kann. Dass diese eine große emotionale Komponente hat – also üblicherweise auch mit Freuden verbunden ist und weitgehend frei gewählt ist –, steht dem nicht entgegen, da ja auch viele andere ökonomische Arbeiten diese Kriterien erfüllen.[19] Darüber hinaus erhebt dieses Modell die Forderung, dass solche Arbeit, die für den Fortbestand und die soziale, kulturelle und ökonomische Weiterentwicklung einer Gesellschaft unbedingt nötig ist, eine angemessene Entlohnung verdient. Die Höhe des solcherart zustehenden Gehalts ist etwas schwieriger zu bemessen als die Kindergrundsicherung, wo statistische Auswertungen zu den ökonomischen Kosten der Bedürfniserfüllung von Kindern helfen können. Dagegen gibt es fast keine Anhaltspunkte dafür, wie viel Einkommen eine bestimmte Arbeit verdient. Es wäre vermutlich fair, wenn diese Erziehungs- und Fürsorgearbeit mindestens auf dem Niveau von leitenden Angestellten bezahlt werden würde. Das Modell eines »Elterngehalts« wäre auch deshalb attraktiv, da es klar signalisieren würde, dass Erziehungs- und Fürsorgearbeiten inner- und außerhalb der Familie zurzeit stark unter Wert betrachtet werden und viel zu wenig Anerkennung genießen.[20]

Natürlich wäre auch eine Koppelung von Kindergrundsicherung – die sich auf das Kind bezieht – und eines Gehalts für Erziehungs- und Fürsorgearbeit möglich, die damit zwei offene Flanken der sozialen Gerechtigkeit in Deutschland und Österreich abdecken könnte. Wem diese Vorschläge zu radikal erscheinen – das ist oft so, wenn man gerechte Forderungen stellt –, der könnte sich zumindest an Minimalzielen orientieren, etwa dem, dass die Sozialhilfe auf das Niveau der Armutsgefährdungsschwelle angehoben wird, anstatt weiter gekürzt zu werden. Das wäre zwar noch immer zu wenig, um von Gerechtigkeit zu reden, aber nicht mehr ganz so unverschämt wie das derzeit armutsverfestigende Diskussionsniveau.

Anmerkungen

1 Christoph Butterwegge hat schon vor Jahren eine Verdrängung des Armutsproblems konstatiert. Christoph Butterwegge: *Armut in einem reichen Land. Wie das Problem verharmlost und verdrängt wird.* Frankfurt am Main 2009.

2 Helga Kelle: »Kindheit als anthropologische und soziale Kategorie«, in Johannes Drerup, Gottfried Schweiger (Hrsg.): *Handbuch Philosophie der Kindheit.* Stuttgart 2019, S. 18–25. https://doi.org/10.1007/978-3-476-04745-8_3 [zuletzt abgerufen am 23.01.2020].

3 Johannes Giesinger: »Wahlrecht für Kinder? Politische Initiation und der Status der Kindheit«, in: *Archiv für Rechts- und Sozialphilosophie* 103, Nr. 4 (2017), S. 456–469. https://doi.org/10.25162/ARSP-2017-0247 [zuletzt abgerufen am 23.01.2020].

4 Eurostat hat immer die aktuellen Zahlen parat: https://ec.europa.eu/eurostat/de/home

5 Maksim Hübenthal: *Soziale Konstruktionen von Kinderarmut. Sinngebungen zwischen Erziehung, Bildung, Geld und Rechten.* Weinheim, Basel 2018.

6 Christian Neuhäuser: »Zwei Formen der Entwürdigung: Relative und absolute Armut«, in: *Archiv für Rechts- und Sozialphilosophie* 96, Nr. 4 (2010), S. 542–556.

7 Hierzu gibt es unzählige quantitative und qualitative Studien. Einen Überblick liefern: Hans Bertram: »Kindliches Wohlbefinden: von Kinderarmut und Fürsorge zur kindlichen Teilhabe«, in: *Diskurs Kindheits- und Jugendforschung / Discourse. Journal of Childhood and Adolescence Research* 11, Nr. 3 (2016), S. 269–285; Gerda Holz, »Armutserfahrungen und ihre Folgen – Kinderarmut im Vorschulalter«, in: Margherita Zander (Hrsg.): *Kinderarmut. Einführendes Handbuch für Forschung und soziale Praxis.* Wiesbaden 2010, S. 88–109; Winfried Moser, Caterina Hannes, Marion Hackl: »Kinderarmut in Österreich aus der Perspektive betroffener Kinder«, in: *Der Donauraum* 50, Nr. 2 (2010). https://doi.org/10.7767/dnrm.2010.50.2.125 [zuletzt abgerufen am 23.01.2020].

8 Georg Cremer: *Deutschland ist gerechter, als wir meinen. Eine Bestandsaufnahme.* München 2018.

9 Eine differenzierte Perspektive auf das Phänomen gibt es hier: Manfred Liebel: *Kindheit und Arbeit.* Frankfurt am Main, London 2001.

10 Benjamin Ferschli et al.: »Bestände und Konzentration privater Vermögen in Österreich 2014/2015«, in: *Wirtschaft und Gesellschaft – WuG* 43, Nr. 4 (2017), S. 499–533.

11 Markus M. Grabka, Christoph Halbmeier: »Vermögensungleichheit in Deutschland bleibt trotz deutlich steigender Nettovermögen anhaltend hoch«, in: *DIW-Wochenbericht* 86, Nr. 40 (2019), S. 735–745. https://doi.org/10.18723/diw_wb:2019-40-1 [zuletzt abgerufen am 23.01.2020].

12 Helmut P. Gaisbauer et al. (Hrsg.): *Erbschaftssteuer im Kontext.* Wiesbaden 2013. http://link.springer.com/10.1007/978-3-658-01636-4_3 [zuletzt abgerufen am 23.01.2020].

13 Michael Hartmann: *Eliten und Macht in Europa. Ein internationaler Vergleich.* Frankfurt am Main, New York 2007; R. Andrew Sayer: *Why we can't afford the rich.* Bristol 2015.

14 Ronald Lutz (Hrsg.): *Erschöpfte Familien.* Wiesbaden 2012.

15 Philipp Adorf: »Die neuen Arbeiterparteien – Das Erfolgsmodell rechtspopulistischer Akteure in Zeiten von Austerität und Migration«, in: *GWP – Gesellschaft. Wirtschaft. Politik* 66, Nr. 4 (2017), S. 501–512. https://doi.org/10.3224/gwp.v66i4.05 [zuletzt abgerufen am 23.01.2020].

16 Stefan Selke (Hrsg.): *Tafeln in Deutschland. Aspekte einer sozialen Bewegung zwischen Nahrungsmittelumverteilung und Armutsintervention.* Wiesbaden 2011.

17 Erich Fenninger, Judith Ranftler, Dagmar Fenninger-Buchner: »Die Einführung der Kindergrundsicherung in Österreich. Ein Modell der Volkshilfe«, in: *soziales_kapital* 20 (2018), S. 49–67.

18 Irene Becker: »Aktualisierung der Kostenschätzung für eine Kindergrundsicherung. Kurzexpertise für das Bündnis Kindergrundsicherung«. Riedstadt 2017. http://www.kinderarmut-hat-folgen.de/download/KGS_Kostenaktualisierung_I_Becker_2017.pdf [zuletzt abgerufen am 23.01.2020].

19 Angelika Krebs: *Arbeit und Liebe. Die philosophischen Grundlagen sozialer Gerechtigkeit.* Frankfurt am Main 2001.

20 Helma Lutz: »Unsichtbar und unproduktiv? Haushaltsarbeit und Care Work – die Rückseite der Arbeitsgesellschaft«, in: *Österreichische Zeitschrift für Soziologie* 35, Nr. 2 (Juni 2010), S. 23–37. https://doi.org/10.1007/s11614-010-0052-1 [zuletzt abgerufen am 23.01.2020].

Alles Pippi
oder was?

Ein Gespräch mit Kirsten Boie und Till Weitendorf zur
Zukunft des Kinderbuchs und Lesens

Von Luise Ritter,
Peter Felixberger und Armin Nassehi

Kursbuch: Kirsten Boie, Till Weitendorf, bevor wir in medias res gehen: Was war für Sie das allererste Kinderbuch, das Sie begeistert hat oder an das Sie eine eindrückliche Erinnerung haben?

Kirsten Boie: Das erste Buch, das mich zutiefst beeindruckt hat und das mir vorgelesen wurde, war gar nicht im eigentlichen Sinne ein Kinderbuch. Es war *Das große Wilhelm Busch Album*, das meine Mutter noch aus ihrer Kindheit hatte. Ich konnte es halb auswendig! Wenn es danach um Kinderbücher geht, erinnere ich mich eindrücklich an *Pippi Langstrumpf*. Vor allem deshalb, weil mir auffiel, dass nicht nur ich das sehr komisch fand, sondern auch meine Mutter, die es vorlas. Sie hat sich vor Lachen geschüttelt – aber immer an anderen Stellen als ich. Ich wusste nie so richtig, warum sie eine Textstelle witzig fand, sie wusste dagegen natürlich genau, warum ich etwas lustig fand.

Till Weitendorf: Bei mir ist es *Henriette Bimmelbahn* von James Krüss, einfach deswegen, weil es so herrlich vorgelesen werden kann, was ich jetzt bei meinen eigenen Kindern auch wieder merke. Nur ein kleines Bilderbuch, aber mit so großartigen Reimen: Da rattert und knattert es, es dampft und faucht. Aber auch meine Kindheit ist stark durch Astrid Lindgren geprägt, wobei man dazusagen muss, dass in unserem Haushalt Kinderbücher ja omnipräsent waren.

Kursbuch: Sie stammen aus der Verlegerfamilie Oetinger, Herr Weitendorf. Wie war das bei Ihnen, Frau Boie, wuchsen auch Sie in einem Elternhaus auf, das sich sehr stark um Kinderbücher, um das Lesen und Vorlesen, ja das Konsumieren von Kinderliteratur gekümmert hat?

Kirsten Boie: Meine Eltern hatten beide keinen höheren Bildungsabschluss, waren aber sehr belesen. Sie waren im Bertelsmann Lesekreis, bekamen also jeden Monat ein Buch geschickt und wünschten sich das Lesen auch für ihre Kinder. Ich habe sehr früh angefangen, selbst zu lesen, aber – und das müssen wir mitbedenken, wenn wir über die heutige Situation sprechen – wir hatten damals keine Alternative. Es gab kein Fernsehen, es gab einmal die Woche im Rundfunk eine Stunde Kinderfunk, und es gab keine Hör-CDs. Wer also etwas anderes wollte als seine eigene Wirklichkeit, der *musste* lesen.

Till Weitendorf: Bei uns wurde natürlich beruflich viel gelesen, denn das Buch besaß bei uns eben auch den Stellenwert eines Wirtschaftsgutes. Da war es nicht immer selbstverständlich, dass Zeit zum Vorlesen übrig blieb. Ich hatte aber das große Glück, dass meine Mutter mir trotzdem vorgelesen hat. So richtig entflammt wurde ich für das Medium Buch dann, als ich selbst lesen konnte. Ich weiß noch, *Mio, mein Mio* von Astrid Lindgren hat mich sehr begeistert. Das fand ich sensationell, und später habe ich dann Comics gelesen, was mein Vater wiederum gar nicht gut fand. Aber, und das war dann etwas anders als bei dir, Kirsten, gehörte bei uns das Fernsehen einfach auch schon dazu, ich erinnere mich an die *Sesamstraße*, Peter Lustigs *Löwenzahn* und so weiter. Die Mediennutzung war in meinem Heranwachsen also schon sehr ausdifferenziert.

Kursbuch: Sind Kinderbücher oder Kindermedien nur dann bedeutungsvoll, wenn es auch eine Idee von Kindheit gibt? Sehen Sie einen Zusammenhang zwischen der Autonomie von Kindheit und den Medien, die genutzt werden?

Kirsten Boie: Kinder hatten damals definitiv viel mehr Zeit als heute. Es gab nur vormittags die Schule, dann in der Regel die traditionelle Familienkonstellation mit einer Mutter als Hausfrau, zu der man am Nachmittag zurückkehrte, schließlich noch die Hausaufgaben, danach war man frei. Und wer nicht mit Freunden spielen wollte oder im Sport- oder Musikverein tätig war, hatte fast keine andere Möglichkeit, als zu lesen. Wenn wir das mit dem heutigen Verlauf der Kindheit vergleichen, beginnt die Unterscheidung schon damit, dass wir fast überall Ganztagsschulen haben. Für sie gibt es viele gute Argumente, ganz unbestritten, aber zugleich sind die Bildungsambitionen der Eltern massiv gestiegen. Verständlicherweise, denn wer wünscht sich nicht für das eigene Kind einen guten Abschluss oder Studienplatz? Das heißt, Kinder müssen zunächst intensiv lernen, und wenn sie dann endlich Freizeit haben, stehen sie einer ganzen Armada an Medien gegenüber: Bücher, Spiele, Apps, YouTube. Es gibt so etwas wie eine neue Gesetzmäßigkeit: Während die Anzahl der zur Verfügung stehenden Medien steigt, schrumpft die zur Verfügung stehende Zeit.

Till Weitendorf: Dem würde ich gerne einen anderen Aspekt hinzufügen. Denn die Autonomie der heutigen Kindheit wurde von einigen Büchern quasi mitentwickelt, unter anderem stark von *Pippi Langstrumpf*. Sie war ein ungehöriges Ding ihrer Zeit! Ein Kind, das ohne Eltern, nur mit einem Papa – der irgendwo als König der Südsee rumschippert – mit einem Koffer voll Geld in einer wahnsinnigen Freiheit in einem eigenen Haus lebt und gerne auch mal einfach rückwärts die Straße langgeht. Das ist eine Geschichte, die in der damaligen Gesellschaft in Deutschland nicht nur einen Nerv getroffen hat, sondern einer Revolution gleichkam und viele Eltern prägte: Über Bücher wie *Wir Kinder aus Bullerbü* oder dein Buch, Kirsten, *Wir Kinder aus dem Möwenweg*, entwerfen wir zudem eine – autonome – Idylle, eine ideale Welt. So wollen Eltern ihre Kinder heute bestenfalls aufwachsen sehen. Dort haben Kinder ihre Freiheit, einen ganz wunderbar geschützten Raum, in dem sie Abenteuer erleben können und viel draußen sind. Solche Geschichten prägen ganze Gesellschaften und wecken Sehnsüchte. Oder anders ausgedrückt: Eltern, die mit Astrid Lindgren aufgewachsen sind, werden sich fragen, was sie selbst für ihre eigenen Kinder wollen – auch in der Mediennutzung. Wenn sie das entlang der *Bullerbü*-Folie entscheiden, kann das nur gut für kommende Generationen sein.

Kirsten Boie: Stimmt. Geschichten prägen Gesellschaften, aber genauso prägen Gesellschaften auch Geschichten. Nach dem Zweiten Weltkrieg war zunächst alles an Kinderliteratur aus der Zeit des Nationalsozialismus vom Markt verschwunden. Dann kamen die 1950er-Jahre und mit ihnen der Wunsch, eine heile Welt zu kreieren und mit der Vergangenheit nichts mehr zu tun haben zu müssen. Das war eine Phase, die auch die Bestseller-Kinderliteratur geformt hat. Natürlich auch, weil es gute Bücher waren. Allein die ersten Bücher von Michael Ende oder Otfried Preußler. Mit den 1968ern kam eine Fülle an gesellschaftskritischen und politischen Kinderbüchern, die orangenen Bücher von Beltz & Gelberg. Daraufhin kam allmählich der Übergang zu einer psychologischen Kinderliteratur, und schließlich sind wir mit J.K. Rowling in die Welt der Fantasy eingestiegen. Der Erfolg von *Harry Potter* und Fantasy im Allgemeinen hat natürlich mit der Situation der Gesellschaft zu tun, gar keine Frage. Der Protagonist rettet in der Regel, wenn nicht die ganze Welt, zumindest sein Land oder seine Bevölkerungsgruppe. Das ist ein klassisches Bedürfnis der Jugend, und zwar ein wunderbares. Es kommt nicht von ungefähr, dass es heute so stark ist und sich zum Beispiel in den Fridays-for-Future-Protesten niederschlägt. Was nun das Leseverhalten an sich angeht, ist es ganz logisch, dass mit Zunahme der Medien, nicht nur der digitalen, das Lesen zurückgegangen ist. Als ich noch Lehrerin war, trat gerade die Videokassette ihren Siegeszug an. Mein Eindruck ist parallel aber auch, dass wir zunehmend ein Bewusstsein darüber entwickeln, wie wichtig es ist, zu lesen. Vor allem in den bildungsnahen Elternhäusern besteht ein großes Interesse, dass die Kinder Bücher lesen, ich merke das bei eigenen Lesungen und bin teilweise völlig verblüfft, was Kinder schon alles gelesen haben. Einerseits ist es natürlich eine Tragödie, dass nach der letzten PISA-Studie 20 Prozent der 15-Jährigen gar nicht lesen können. Wirklich nicht können! Andererseits aber ist die Gruppe der Topleser, die analytisch perfekt lesen können, um vier Prozent gestiegen. Auch auf den Buchmessen sieht man mittlerweile ganz viele Jugendliche, was früher nicht unbedingt so war. Vielleicht hängt das damit zusammen, dass es inzwischen eine gewaltige Zahl an BookTubern und Buchbloggern gibt. Durch die Möglichkeit, sich digital zu vernetzen, entstand eine Community, die über das Lesen von Büchern spricht. Das ist ein neues Phänomen. Lesen als vormals einsame Tätigkeit wird völlig neu erfunden. Früher kannte ich niemanden, mit dem ich über das Buch reden konnte, das ich gerade las. Wie hier heute Buch- und Digitalwelt aufeinandertreffen, finde ich sehr ermutigend.

Kursbuch: Die Beobachtung der gesellschaftlichen Formierung *durch*, aber auch *der* Literatur gilt sicher auch für die Erwachsenenliteratur. Was wäre dann aber der Unterschied zwischen Kinderliteratur und Erwachsenenliteratur? Das frage ich mich auch bei anderen Medien, beim Fernsehen zum Beispiel: *Die Sendung mit der Maus* schaut man auch als Erwachsener gerne, weil alles so gut erklärt wird.

Till Weitendorf: Aus der Erfahrung des Verlegers kann ich diesbezüglich nur sagen, dass man im Vorfeld sehr viel aussortiert, denn viele Texte kommen kauderwelschig daher. Autoren versuchen dann, besonders kindlich zu schreiben, was nicht funktioniert. Aus meiner Sicht ist das Wichtigste, Kinder ernst zu nehmen. Kinder sind keine leeren Hüllen, die man auffüllen muss, sondern sie sind Menschen, denen man auf Augenhöhe begegnen muss. Bei Kirsten merke ich, dass ein Kinderbuch vor allem dann funktioniert, wenn es Verständlichkeit mit Unterhaltung mischt, was sich einfacher anhört, als es ist. Das eine oder andere etwas ausführlicher zu erklären, kann sicher nicht schaden. Letztlich muss es aber packend, spannend oder lustig sein, es muss einen richtig mitnehmen.

Kirsten Boie: Ich habe gerade mein 35-jähriges Veröffentlichungsjubiläum gefeiert, was einerseits gruselig, andererseits ganz wunderbar ist. Es begegnen mir schon immer Menschen, die gerne auch ein Kinderbuch schreiben wollen, sie hätten tolle Ideen, aber leider fehle ihnen die Zeit. Sie tun so, als gehöre nichts weiter dazu als Zeit! Weit gefehlt. Ich sage auch nicht zum Kardiologen, ich würde gerne mal ein Herz aufschneiden, aber mir fehlt leider die Zeit. Kinderbücher zu schreiben ist nichts, was man mal nebenbei aus dem Ärmel schüttelt. Meine oberste Überzeugung ist: Es muss Kindern Spaß machen. Wenn man sie fragt, sagen sie genau das, was Till gerade meinte: Ein Buch muss spannend oder ein Buch muss lustig sein – am besten beides. Was das für den Autor bedeutet, ist nicht ganz einfach, allein was den Inhalt angeht: Das Kinderbuch wird nicht zum Kinderbuch, nur weil die Protagonisten Kinder sind. Es gibt schließlich auch Romane der Erwachsenenliteratur mit Kindern als Protagonisten. Man kann auch nicht sagen, dass die Hauptpersonen keine Erwachsenen sein dürfen. Und es ist schließlich auch kein Kriterium, zu sagen, dass nichts Trauriges oder Dramatisches stattfinden darf. Die entscheidende Frage ist: Wie wird es erzählt? Und das ist unheimlich schwer zu fassen. Natürlich muss man in der Sprache und der Erzählstruktur den jeweiligen Entwicklungsstand der Kinder berücksichtigen. Je jünger die Kinder sind, desto einfacher muss die Sprache sein, Dreijährige kann ich nicht mit einem siebenzeiligen hypotaktischen Satz konfrontieren. Gleichzeitig muss es so geschrieben sein, dass das Buch umso expliziter ist, je jünger die Kinder sind. Je älter die Kinder werden, desto öfter kann ich mit Leerstellen arbeiten, was ja häufig als Kriterium für gute Literatur gehandelt wird. Und man muss natürlich die Erfahrungs- und Gefühlswelt der Kinder im Blick haben. Die Entwicklungsschritte, die Kinder durchlaufen, sind immer noch haargenau die gleichen, auch wenn Kindheit heute vollkommen anders abläuft als früher. Kinderbuchklassiker funktionieren genau deswegen heute noch.

Kursbuch: Subkutan hört man bei Ihnen beiden raus, dass Sie dazu aufrufen, den Kurzschluss zwischen Kinderliteratur und Pädagogik zu vermeiden. Man denke an *Max und Moritz*, den *Struwwelpeter*, die ganze Konjunktur der Märchen oder an aktuelle Projekte wie etwa Rassismusprävention anhand von Kinderbüchern. Wie verhalten sich Kinderbuch und pädagogischer Anspruch zueinander?

Till Weitendorf: Wenn die Pädagogik ernst nehmen würde, wie viel Wissen über gut erzählte Geschichten transportiert werden kann, würden Lehrbücher heutzutage ganz anders aussehen. Unter anderem wird auf diesem Gebiet in Skandinavien viel geforscht, etwa dazu, welchen Effekt es hat, wenn die Motivation über den Spaß an der Geschichte gefördert wird. Storytelling wäre dann nicht nur ein banaler Werbebegriff, sondern könnte uns weiterbringen. Geschichten transportierten Wissen, auch lange bevor man sie aufgeschrieben hat. Wieso sollte das heute anders funktionieren? Die Begeisterung an der Geschichte trägt einen schon immer viel weiter als der erhobene Zeigefinger.

Kirsten Boie: Kinder sind nicht blöd. Sie merken sehr genau, wann ihnen etwas eingeredet werden soll. Auf der anderen Seite glaube ich, dass jeder Autor seine eigene Haltung in einen Text hineinschreibt und transportiert, auch ohne bewusst didaktisch zu schreiben. Wenn ich zu einem Thema ein Buch schreibe, wird es immer ganz anders ausfallen, als wenn es ein Anhänger von Pegida schreibt. Auf diese Weise werden natürlich immer auch ethische Bewertungen vermittelt, die für Kinder deutlich werden. Es gibt insofern gleitende Übergänge zwischen explizit didaktisch, indirekt didaktisch und purer Vergnügungsgeschichte. Als indirekt didaktisch würde ich zum Beispiel auch zwei meiner Geschichten beschreiben. Die eine erzählt von Obdachlosigkeit, die habe ich der Hamburger Straßenzeitung zu ihrem Jubiläum geschenkt. Die andere habe ich im Frühjahr 2015 verfasst, als klar war, dass viele Menschen zu uns kommen und Kinder in Schule und Kindergarten damit konfrontiert werden würden, dass sie dort Geflüchteten begegnen.

Kursbuch: Das Hauptwerk des französischen Historikers Philippe Ariès *Geschichte der Kindheit* befasst sich mit dem Verschwinden der Kindheit, nämlich dort, wo Kinder sehr schnell erwachsen werden müssen und gar nicht den Raum haben, lange Kind zu sein. Auch Pädagogen beobachten heutzutage so etwas wie einen Unterschied der Autonomiewahrnehmung von Kindheit, etwa dann, wenn Kinder auf dem Land oder in der Stadt aufwachsen. So müssen sich Kinder, die in großen Städten aufwachsen, sehr schnell mit den Zuständen, die in der Erwachsenenwelt herrschen, auseinandersetzen. Kann man davon sprechen, dass Kinder ihre Umwelt in Stadt und Land jeweils anders wahrnehmen und sich dadurch der Zugang zum Lesen anders ausgestaltet?

Kirsten Boie: Das ist eine sehr vereinfachende Beschreibung. Städtische Kindheiten können in sich sehr unterschiedlich gestaltet sein. Kinder, deren Eltern Hartz IV beziehen, denen der Bildungshintergrund fehlt, die einen Migrationshintergrund haben, was auch immer, leben sehr anders als Kinder in wohlhabenderen Stadtteilen, in Eimsbüttel in Hamburg oder Schwabing in München im Gegensatz zu Wilhelmsburg und Milbertshofen. Das sind vollkommen unterschiedliche Kindheiten, und die Art, wie die Eltern über die Zeit der Kinder verfügen, ist ebenfalls sehr unterschiedlich. Was natürlich stimmt, ist, dass Kinder in Städten vielleicht nicht den gleichen Freiraum haben wie auf dem Land, wegen des Straßenverkehrs etwa, weil es dort eben gefährlich ist. Hier gehen Kinder vermutlich nicht allein auf den Spielplatz oder werden eher mal zur Schule gefahren. Aber: Wenn ich in einem Südtiroler Bergdorf lese und juble, wie herrlich die Landschaft ist, sagen Lehrer plötzlich zu mir: Was glauben Sie denn? Die Kinder hier setzen sich nach der Schule an den Computer oder Fernseher. Sie glauben doch nicht, dass die hier auf den Bergwiesen tollen? Insofern hat sich hier vieles angeglichen.

Till Weitendorf: Ich denke, wir müssen vor allem das beachten, was alle in der Veränderung eint, nämlich einfach, dass weniger Zeit zur Verfügung steht, egal ob auf dem Land oder in der Stadt. Was ich erschreckend finde, ist die Tatsache, wie sehr Kinder in der Stadt offenbar behütet werden müssen. Darunter leidet die Selbständigkeit, die Möglichkeit, ein starkes Ich-Gefühl aufzubauen. Wobei das Phänomen der

Helikoptereltern sicherlich kein stadtspezifisches ist. Ich fände es schöner, wenn wir unseren Kindern mehr zutrauen und auch die Umgebung dafür schaffen. Nicht nur mit Kinderspielplätzen, sondern auch mit Tools und Techniken, um Kinder optimal ausgerüstet in die Zukunft zu schicken. Die Frage »Was wollen wir für Kinder haben?« ist hier ganz entscheidend. Und hier steht Deutschland didaktisch ziemlich still.

Kursbuch: Wieso, ist Deutschland ein kinderfeindliches Land?

Till Weitendorf: Nicht kinderfeindlich, wir sind einfach zu kompliziert und wollen alles auf einmal. Wir wollen das, was wir früher in 13 Jahren geschafft haben in zwölf Jahren schaffen, wir wollen internationale Exzellenz, wir wollen vergleichbar sein, wir predigen immer mehr und bilden gleichzeitig Menschen an Orten aus, die absolut nicht aussehen, als wären wir im digitalen Zeitalter angelangt. Wir müssen uns fragen, wo wir morgen hinwollen. Und in Deutschland hat es Tradition, dass an dieser Frage immer ganz viele mitreden. Und nachher haben wir den Gemeinschaftsbrei.

Kirsten Boie: Wobei die Frage »Wo wollen wir morgen hin?« natürlich unglaublich schwer zu beantworten ist. Die Entwicklungen sind rasant, und zwar global, sodass einem die Antworten ungleich viel schwerer fallen.

Till Weitendorf: Stimmt. Aber es kann schlicht nicht sein, dass wir einerseits unsere Kinder digital fit machen wollen – der Computer in der Schule dann aber aussieht wie vor 20 Jahren und der Lehrer nicht einmal weiß, wie man ihn einschaltet. Das passt nicht zusammen – und de facto haben wir jetzt schon ganz viel versäumt. Andererseits: Vielleicht müssen wir mit dieser Schnelligkeit auch gar nicht mithalten, vielleicht liegt in der Merkel'schen Ruhe viel Kraft und die Wahrheit in der Mitte? Zumindest würde ich mir für Deutschland wünschen, dass wir endlich anfangen, uns konkrete Bildungs- und Entwicklungsziele zu setzen – die realistisch erreichbar und sinnvoll sind, nicht nur im Digitalen. Die aus meiner Sicht wichtigste Frage: Zu welchen Menschen sollen unsere Kinder werden? Wollen wir Lernmaschinen, die mit dem harten Ausbildungskorsett in China mithalten, oder wollen wir Kinder, die Freiheit schätzen und Eigenständigkeit? Das dürfen wir vor lauter Ehrgeiz und PISA nicht vergessen! Ich will Kinder, die vor allem auch Zeit für sich und zum Entdecken der Welt haben.

Kursbuch: Ist dann der Digitalpakt sinnvoll oder wäre es besser, am Nachmittag eine Stunde *Pippi Langstrumpf* zu lesen?

Till Weitendorf: Der Digitalpakt ist nur ein Feigenblatt. Mit unserer Plattform *Onilo* sind wir mittendrin in dieser Debatte. *Onilo* ist ein Softwaretool, mit dem das digitale Lesen in die Schule kommt, aber wenn man nachfragt, sind die Budgets dafür nicht vorhanden, sondern nur für die Hardware bestimmt. Oder korrekter formuliert, die Schulen wissen nicht, aus welchen Töpfen sie ihre Budgets ziehen können, wenn es um digitale Inhalte geht.

Kirsten Boie: Du hast auf jeden Fall insofern recht, als der Digitalpakt mit fünf Milliarden auf fünf Jahre für 16 Bundesländer zu wenig ist. Andererseits ist er immerhin zustande gekommen, was auch nicht selbstverständlich ist, da er gewissermaßen den Bildungsföderalismus ergänzt. Warum hat das auf diesem Gebiet funktioniert? Weil es gerade in der Hardwareindustrie eine massive Lobby gibt. Das bedeutet nicht, dass ich den Pakt falsch finde, aber wir verschlafen auf anderen wichtigen Gebieten einfach zu viel, obwohl wir ihn haben. Zum Beispiel beim Thema Leseförderung. Wir müssen uns fragen, was wir unseren Kindern mitgeben wollen, welche Qualifikationen, und zwar nicht nur technologische. Die absoluten Basisqualifikationen sind Rechnen und Schreiben beziehungsweise Lesen, und Letzteres eben so gut, dass ich in der Lage bin, auch längere Texte zu durchdringen und zu verstehen. Wer das Potenzial von Digitaltechnik ausschöpfen soll, wer online Nachrichten konsumiert, wer mehr will als youtuben und whatsappen per Foto oder Sprachnachricht, muss lesen können, und zwar zügig und problemlos. Der Bildungsföderalismus in Deutschland ist und bleibt in der Leseförderung ein Hemmschuh. Ihn werden wir nicht geändert kriegen, da fange ich gar nicht erst an, sondern suche Wege darum herum. Fakt ist: Jedes Bundesland trifft in der Bildung seine eigenen Entscheidungen. Was man also im Grunde bräuchte, wäre ein stärkerer gesellschaftlicher Konsens, der sich bottom-up in die Politik vorarbeitet. Wer nicht lesen kann, wird keinen qualifizierten Beruf erlernen können und auch nicht in die sozialen Systeme einzahlen. Aber daraus entnehmen müssen. Und sich bald an den Rand der Gesellschaft gedrängt fühlen. Diese Menschen sind dann natürlich offen für populistische Erklärungen, zumal sie komplexere Darlegungen aus anderen Meinungen und Texten gar nicht erschließen können. Das ist eine Gefahr für die Demokratie! Und es ist eine Gefahr für die Wirtschaft. Genau an diesem Hebel könnten wir ansetzen, etwas zu verändern. In Deutschland muss man immer bei der Wirtschaft ansetzen, um die Ohren zu öffnen. Seit etwa drei Monaten bin ich latent optimistisch, denn ich weiß, dass die Kultusministerkonferenz hier ansetzt, dass sich Arbeitgeberverbände und Handelskammern mit dem Thema auseinandersetzen. Also diejenigen, die hier die Lobby schaffen können. Was wir dann bräuchten, wäre ein Topf wie für den Digitalpakt, also Bundesmittel für Länder und Kommunen für Schulen und Kitas.

Kursbuch: Till Weitendorf, Sie stehen, was die technologische Umgebung angeht, in der Kinder Medien rezipieren, direkt in der Entwicklung. Aber mit der *tigerbox TOUCH* arbeiten Sie gar nicht an einem Tool zum Lesen, sondern zum Hören. Kommen Kinder übers Hören besser zum Lesen?

Till Weitendorf: Es geht uns hauptsächlich um das Thema der Konzentrationsfähigkeit. Wir merken das selber. Sobald wir auf das Smartphone gucken, ploppt immer irgendwo irgendetwas auf, die Aufmerksamkeit liegt selten auf nur einer Sache. Das ist eine sehr grundlegende Veränderung, die das Digitale mit sich bringt und die sicher ganz andere Menschen hervorbringt. Hier fragen wir uns: Wie können wir entgegenwirken? Man könnte auch sagen: Ganz prima, soll das Digitale doch die Kinder schaffen, die es eben schafft. Oder man folgt etwa der *Stavanger Erklärung* und plädiert für den Mittelweg, der dazu führt, dass es morgen hoffentlich auch noch Kinder gibt, die digital und analog unterwegs sind, die aber vor allem auch Inhalte tief gehend verstehen. Die *tigerbox TOUCH* wurde hierfür entwickelt. Mit ihr haben Eltern und Kinder alle Vorteile der digitalen Medien auf einer Box – werbefrei, fokussiert und ohne ständige Ablenkung. Die Kinder können sich voll auf die Inhalte konzentrieren und werden motiviert, dranzubleiben und neue Geschichten kennenzulernen. Bei mir waren es Kassetten, CDs und auch Schallplatten, und dieser Weg hat mir einen Zugang zu Geschichten erschlossen. Deswegen ist es nur denklogisch, ein optimales Gerät zu entwickeln, was dem Kind heute eine Straße aufzeigt, wo es sinnvoll konsumieren kann.

Kursbuch: Eine Art kontrollierter Kanal?

Till Weitendorf: Eine Welt, die voll von Möglichkeiten ist, braucht Begrenzungen oder Schienen, die einen irgendwo hinbringen, bis man selbst reif genug ist, verantwortungsvoll zu entscheiden, was man nutzen will. Diese Schienen für unsere Kinder können wir jedoch nur legen, wenn wir wissen, was wir unseren Kindern mitgeben wollen. Ansonsten werden wir nur digitale Zombies entwickeln.

Kirsten Boie: Aber wer soll sich trauen, das zu formulieren?

Till Weitendorf: Schwer genug, ich weiß. Deswegen versuchen wir es zumindest im Kleinen. Solche Tools wie die *tigerbox TOUCH* oder *Onilo* können zumindest einen Weg aufzeigen, der funktionieren könnte. Eine

Riesenchance! Wir müssen nur mehr verstehen, diese Chance noch besser zu nutzen. Indem wir Unternehmen schaffen und fördern, die auf dem Bildungssektor solche Wege ebnen. Im Zweifel kommt die neueste Technik sonst wieder aus den USA, weil dort die Förderung für Start-ups einfach besser ist.

Kursbuch: Frau Boie, wie schätzen Sie die multimedialen Helfer für die Leseförderung ein?

Kirsten Boie: Im Geiste habe ich geklatscht. *Onilo* halte ich für ein ganz wunderbares Projekt. Gemeinsam lesen, das Bild auf dem Whiteboard sehen, vorlesen, selber lesen, das geht damit alles. Gerade in Brennpunktschulen, in denen die Kinder sehr stark audiovisuell geprägt sind, ist es der richtige Ansatz. Andererseits haben gerade diese Schulen nicht die Mittel, es sich leisten zu können. Dafür ist es wieder zu teuer. Beim Thema Hörbuch glaube ich ebenfalls, dass wir bei der Konzentration ansetzen müssen – und zwar rechtzeitig. Unsere Kinder sind immer stärker visuell geprägt, und es fehlt ihnen heute häufig die Fähigkeit, in ihrem Kopf etwas in Bewegung zu setzen, innere Bilder zu erzeugen, die oft keine Bilder sind, sondern Emotionen. Diese Fähigkeit muss entwickelt werden, sie ist nicht von Natur aus gegeben. Für Kinder, denen diese Kompetenz fehlt, ist es nicht schön, wenn sie eine Geschichte nur hören, wenn der Lehrer sie vorliest. Das ist anstrengend. Deswegen sind Hörmedien ganz wunderbar und können unsere Kinder schulen, auch in der Kenntnis von Dramaturgie. Fehlt mir die, entsteht keine Spannung. Nehmen wir die berühmte Tschechow'sche Pistole: Wenn sie im ersten Akt auf dem Tisch liegt, muss sie im letzten Akt losgehen, aber wenn sie das soll, muss sie auch im ersten Akt auf den Tisch gelegt worden sein. Das weiß der erfahrene Leser ...

Kursbuch: Wir behandeln offenbar das Problem, wie wir die Kinder zum Lesen bekommen, als würden wir in einer Lesegesellschaft leben. Aber das ist ja nicht der Fall – auch für Erwachsene nicht. Geschichte bekommen die Leute heute über Streamingdienste, nicht über Romane, es herrscht eine starke Bildorientierung. Ebenso, wenn wir an Werbung denken, in der eine sehr kindliche Bildsprache herrscht. Etwas ketzerisch gefragt: Macht es überhaupt Sinn, Kinder zum Lesen zu bringen, in einer Welt, in der ihre Eltern nicht mehr lesen, zumindest nicht in einer literarischen Dimension?

Till Weitendorf: Ich würde behaupten, dass die Gesellschaft schon immer per se keine Lesegesellschaft war. Früher war das Lesen nur den Gebildeten zugänglich, heute erlauben es die Verpflichtungen einer schnelllebigen Welt nicht mehr, dass man so viel liest wie früher. Auch ich bevorzuge nach einem anstrengenden Tag, Netflix einzuschalten. Aber ich würde es so formulieren: Jedes Kind lässt sich grundsätzlich für Geschichten begeistern. Durch Geschichten wird Fantasie entwickelt. Und das ist die Basis, um sich überhaupt auf irgendetwas zu konzentrieren. Wenn im Kopf nichts abgeht, schweift man völlig ab. Das müssen wir initiieren, egal über welche Medien! Und eigentlich ist die Verfügbarkeit von Medien, die uns helfen, etwas im Kopf stattfinden zu lassen, größer als je zuvor. Natürlich wird damit auch die Konkurrenz unverhältnismäßig groß, die sozialen Medien, Netflix, Instagram oder, gerade ganz aktuell, TikTok.

Kirsten Boie: Die Grundfrage lautet: Wieso sollen Menschen überhaupt noch Geschichten lesen? Auch ich schaue abends Netflix. Und ich bin recht erschrocken, wie mich das begeistern und binden kann. Früher konnte der Fernsehfilm nicht konkurrieren, weil er zu kurz war, um eine ganze Welt und eine Fülle ausgearbeiteter Charaktere zu entwickeln, aber mit den teilweise sehr gut produzierten Netflix-Serien sind plötzlich Formate vorhanden, die genau das zulassen, und damit in ihrer Komplexität dem Roman Konkurrenz machen. Trotzdem: Beim Lesen und auch beim Hören passiert im Kopf etwas anderes, und zwar deshalb, weil mir beim Lesen keine Bilder vorgegeben werden. Woher habe ich sie also? Warum muss ich beim Lesen plötzlich lachen oder weinen? Ist doch nur ein kleines Display oder eine Buchseite mit Buchstaben drauf? Ich muss weinen oder lachen, weil ich auf meinen eigenen Erinnerungs- und Gefühlsschatz angewiesen bin. Mein Lieblingsbeispiel ist das Wort »Vater«, das diametrale Gefühle auslösen kann. Der fürsorgliche Papa auf der einen Seite. Bei jemandem, den der Vater vielleicht geschlagen hat, löst das Wort etwas ganz anderes aus. Wenn ich einen Text lese, passiert etwas viel Persönlicheres und Individuelleres im Kopf, als wenn ich eine Geschichte verfilmt sehe. Jedes Mal, wenn ich lese, setze ich mich mit meinem eigenen Erinnerungsmaterial auseinander, wie eine kleine Psychotherapie. Das ist eine Wahnsinnsleistung, weshalb wir auf das Lesen nicht verzichten können.

Till Weitendorf: Das Lesen wird nicht verloren gehen, da brauchen wir keine Angst haben. Bevor der Netflix-Streifen verfilmt wird, muss er auch erst geschrieben und gelesen werden. Aber es geht darum, dass wir Zugang finden, Geschichten im Kopf lebendig zu machen. Und wenn wir feststellen, dass wir das für unsere Gesellschaft für wichtig halten, dann müssen wir auch unsere Kinder darauf vorbereiten und ihnen das Handwerkszeug mitgeben. Ich persönlich bin der Meinung, dass das geschriebene Wort eher wichtiger als unwichtiger wird. Ganz einfach, weil die Menschen insgesamt mehr Medien konsumieren als früher. Interessant ist zudem: Das Buch tritt wie eine Art Gegenbewegung auf, weil es das leiseste Medium ist. Aber deswegen ist es nicht weniger wichtig, sondern im Zweifel eher mehr – denn es schafft Ruhe. Deswegen lohnt es auch, die Hamburger Erklärung zu unterstützen: Wir müssen alle Kinder zum Lesen bewegen.

Kursbuch: Das Buch ist tatsächlich das einzige Medium, bei dem man wirklich abschalten kann, zur Ruhe kommt von der Lautstärke, sodass es für Kinder gar nicht schlecht ist.

Till Weitendorf: Ich komme gerade aus Norwegen zurück und bin wirklich überrascht, wie viele Kinder ich auf der Fähre gesehen habe, die einfach ganz entspannt gelesen haben.

Kirsten Boie: Ich dagegen fahre sehr viel ICE, und die längsten sind 300 Meter lang. Manchmal mache ich mir den Spaß, laufe einmal entlang und zähle, wie viele Kinder ich sehe, die lesen. Alle haben aber irgendwelche Geräte und Tablets.

Kursbuch: Aber sind Sie sicher, dass sie auf den Tablets nicht vielleicht lesen?

Kirsten Boie: Leider bin ich relativ sicher. Trotzdem glaube ich, dass das Lesen von Texten auf digitalen Geräten gar nicht so unterschiedlich funktioniert wie in Printmedien und sich dadurch auch große Chancen für Länder ergeben, in denen das Lesen nicht die gleiche Tradition hat wie bei uns. Ich engagiere mich zum Beispiel seit vielen Jahren im südlichen Afrika. Dort gab es früher eine Kultur der oralen Literatur. Ich habe die Erfahrung gemacht, dass es dort kaum Buchhandlungen gibt und Lesen zum Vergnügen eher negativ konnotiert ist, weshalb man auch Kindern nicht vorliest. Aber man erzählt auch keine Geschichten mehr. Dort sind E-Reader die einzige Möglichkeit, sich die Weltliteratur zu erschließen. In den einheimischen Sprachen würden darüber hinaus niemals Kinderbücher gedruckt werden, denn es gäbe schlicht keinen Markt dafür. Aber mit digitalen Geräten können Kindergeschichten auf Plattformen eingestellt und zum Teil sogar kostenfrei heruntergeladen werden. Hier bieten sich Möglichkeiten, die es früher nie gegeben hätte. Häufig funktionieren diese Portale sogar mit Dumbphones, die nicht internetfähig sind. Hier ist die digitale Welt natürlich eine unglaubliche Chance.

Till Weitendorf: Ich sehe ebenfalls viele Chancen, bin aber gleichzeitig, wenn ich mir den Markt des digitalen Lesens anschaue, extrem enttäuscht. Das ist langweilig! Sicherlich ist Amazon mit seinem Kindle derjenige, der diesen gesamten Markt wahnsinnig treibt, durch den Thalia und Co. dazu gebracht wurden, ein eigenes Gerät auf den Markt zu bringen. Im Kinderbereich sieht es kaum besser – aber zumindest etwas anders aus. Bei Oetinger haben wir zum Beispiel damals das erste interaktive Buch herausgebracht und versucht, Texte mit animierten Bildern zusammenzubringen, eine Mischform gewissermaßen, um vor allem Kinder zu begeistern. Es gibt auch einzelne, tolle Startups – in Karlsruhe etwa Readio: Ein Unternehmen, das eine Leseschrift entwickelt, die aufs Smartphone optimiert ist und das Lesen in den Mittelpunkt rückt. Dabei kann ein Kind einstellen, ob die Schrift langsam durch den Screen läuft oder schnell – ob sie groß oder klein sein soll. Zudem gibt es Illustrationen, die sich bewegen. Ein Leseerlebnis, das Kinder hookt, das sie mitnimmt. Wir haben das an Schulen ausprobiert und finden es wahnsinnig toll, denn es hat ein bisschen was von Fernsehen, von diesem Überraschungsmoment des Bildes, aber ich muss eben trotzdem lesen, denn sonst verstehe ich die Geschichte nicht. Was ich sagen will: Wir werden in eine Zeit kommen, in der wir in Schulen oder anderen Bildungseinrichtungen neue, großartige Leseformate sehen werden – auch auf dem Gebiet Augmented Reality. Momentan fehlt bei vielen die Hardware, denn wer scannt schon mit seinem Handy ein Bild ein und schaut es sich dann an. Aber wenn zum Beispiel die Augmented-Brille kommt, dann werde ich ein Buch lesen und erhalte unmittelbar Zusatzinformationen – der absolute Wahnsinn und super einfach. Natürlich müssen wir uns fragen, ob wir das wollen oder nicht, aber wir werden in diese Zeit kommen. Sie wird gerade auch fürs Lesen noch ganz viel bereithalten und für das Erzählen von Geschichten – wir stehen erst am Anfang.

Kursbuch: Ein versöhnliches Schlusswort. Bevor wir auseinandergehen, wollen wir noch Ihre Leseempfehlung fürs Frühjahr hören.

Kirsten Boie: Hier muss ich Susan Krellers *Elektrische Fische* empfehlen. Es erzählt von einer Familie, die aus Dublin nach Mecklenburg-Vorpommern zieht. Die Autorin ist auch Lyrikerin, und das ist gerade fürs Kinderbuch wahnsinnig bereichernd, denn es gibt viele Versuche, poetisch zu erzählen, was dann aber häufig nur kitschig wird. Susan Kreller kann wirklich auch poetisch erzählen.

Till Weitendorf: Weihnachten ist gerade vorbei, und weil das nächste Weihnachtsfest bestimmt kommt, empfehle ich gerne ein Buch, das mich und meine Kinder begeistert hat: *Du spinnst wohl!* von Kai Pannen. Es erzählt von der Spinne Karl-Heinz, der eine Fliege ins Netz geht. Diese soll eigentlich der Weihnachtsbraten werden, aber wie das Leben so spielt, kommt es anders. Es sind 24 Geschichten zum Vorlesen, und meine Kinder konnten gar nicht genug kriegen. Darin liegt doch der Reiz guter Geschichten.

Kursbuch: Vielen Dank für das Gespräch!

Das Gespräch fand am 8. Januar 2020 in den Verlagsräumen in Hamburg statt. Geführt haben es vor Ort Luise Ritter und Peter Felixberger, Armin Nassehi war telefonisch zugeschaltet.

Töten. Kämpfen. Arbeiten. Repeat.

Kinder als Erwachsene

Fotografen sind bei ihrer Arbeit wie einsame Inselbewohner, alle in ihrer eigenen Welt – zumindest gilt das für die Kamerafrauen und -männer, die ich getroffen habe. Immer auf der Suche nach DEM Moment, den es wirklich wert ist, in ein Bild zu verwandeln. Sie erleben und durchforsten die Realität mit ihrer Linse im Kopf. Besonders im Krieg ist das eine Mammutaufgabe. Viel zu oft und zu schnell ändert sich die Situation. Sie arbeiten Tage und Wochen. Aber am Ende bleiben manchmal nur Sekunden für den richtigen Augenblick: Wenn eine Rakete in ein Haus einschlägt, Verletzte sich auf der Motorhaube eines Humvee vor Schmerz krümmen, Islamisten ihren Selbstmordgürtel zünden und Menschen vor Freude lachen, weil sie mit dem Leben davongekommen sind. Und dann sind da noch die Kinder. Sie ragen aus dem Elend und Chaos heraus. Ihre Präsenz lässt die Zeit plötzlich stillstehen. Sie sind Symbole und Projektionsfläche von Unschuld und Reinheit. Die Kleinen öffnen auf magische Weise ein Gedankenfenster über Gut und Böse, Täter und Opfer, Leben und Tod. Dabei übernehmen sie nur die Rollen aus der Welt der Erwachsenen: Kinder sind mörderische Häscher mit Machete, Überlebenskünstler im Flüchtlingslager, Boxer zum Prestige und zur Unterhaltung für einen Diktator, Artisten, Müllverwerter, Demonstranten und Bedienungen, die in einer Shisha-Bar glühende Kohle auf die Wasserpfeifen legen. Wie diese Magie funktioniert, zeigen sieben internationale, renommierte Fotografen mit ihren kongenialen Arbeiten von unterwegs.

Alfred Hackensberger

RICARDO GARCIA VILANOVA
arbeitet seit 15 Jahren als freier
Fotograf und Kameramann vor
allem in Konfliktzonen und während humanitärer Krisen. In den
vergangenen Jahren begleitete
er den Arabischen Frühling mit
seiner Kamera, den Konflikt um
den IS begleitet er seit 2011 und
reiste bis heute mehrmals im Jahr
nach Libyen, Syrien und den Irak.
Seine Fotos wurden in zahlreichen
internationalen Medien veröffentlicht, ebenso seine Filmdokumentationen.

»Es ist zutiefst bedauerlich, dass in Kriegszeiten immer Kinder diejenigen sind, die das Schlimmste ertragen müssen, weil sie sich am wenigsten verteidigen können und ihre Leben den Entscheidungen ihrer Eltern unterliegen, die wiederum den Erlebnissen unterliegen, die sie selbst bewältigen mussten.

Meine Bilder wollen hauptsächlich die Gesellschaft als solche anprangern und sie dafür sensibilisieren, dass solche Kriegsgräuel schlicht nicht passieren dürfen! Es ist herzzerreißend, dass diese Kinder nicht nur im Krieg leben müssen, sondern auch dafür bezahlen, indem sie die Konsequenzen daraus zu tragen haben.«

Syrien, 2011. Bei den ersten Protesten in Jabal Zawiya werden nur
Kinder fotografiert, weil sie anonym bleiben konnten. Die Erwachsenen fürchteten sich vor Muchabarat, dem Geheimdienst des
Regimes. Zwischen 2011 und Mitte 2012 waren praktisch keine
westlichen Journalisten in Syrien. Alle Schilder sind auf Arabisch.

Syrien, 2012. Frauen und Kinder protestieren gegen Baschar al-Assad, um das Töten von Zivilisten zu beenden. Wegen des Ramadans vom 19. Juli bis 18. August protestieren sie nachts.

Syrien, 2013. Fast 400 Menschen fanden in der Provinz Idlib in Höhlen Unterschlupf, mehr als die Hälfte davon Kinder. Aus Angst vor Bombenangriffen baten die Flüchtenden darum, ihre genaue Position nicht zu verraten. Tatsächlich waren die Kriegsfronten nicht weit von Höhlen entfernt. Es gab weder genug zu essen noch warme Kleidung, auch keine medizinische Versorgung. Freiwillige boten Unterrichtsstunden für die Kinder an.

Syrien, 2012. Ein Mädchen, dessen Schminke verschmiert ist, aus
Angst vor den Hubschraubern, die mit Sprengstoff, Benzin und
Eisenteilen gefüllte Fassbomben abwerfen.

Syrien, 2012. Nach einem Bombardement durch Baschar al-Assads
Truppen hält ein Junge Fragmente von Granaten in der Hand. Hinter
ihm folgt ein Trauermarsch für die Opfer des Angriffs.

Syrien, 2012. Ein fünfjähriges Mädchen küsst den Leichnam seines Vaters, Khaled Kasem Aleiter. Er wurde durch eine Granate getötet, während er die Straße in al-Qasir überquerte. Seine anderen beiden Kinder und seine Frau weinen.

Syrien, 2012. Der 13-jährige Ahmad Benmushen Qaruosh wurde in Sarmin, in der Provinz Idlib, bei einem Bombenangriff durch Truppen von Baschar al-Assad getötet. Metallkugeln einer Schrapnellgranate durchlöcherten seinen Körper. Sein geschockter Bruder weint.

Syrien, 2012. Nachdem Zivilisten in Binnish in der Provinz Idlib
attackiert wurden, formieren sich Proteste. Normalerweise leben
hier 6000 Menschen, nur noch etwa 1000 harren aus.

Syrien, 2015. Die 25-jährige Zehra sitzt zu Hause in Kobane neben ihrer Tochter. Ihre ältere Tochter starb an einer Lungenentzündung in einem Flüchtlingscamp. Zehras Mann, ein Soldat der Volksverteidigungseinheiten YPG, steht im Hintergrund.

Libyen, 2011. In der Schlacht um Misrata hantiert ein französisch-
libyscher Junge mit einem Gewehr.

JULIA LEEB ist preisgekrönte Fotografin und Filmemacherin mit Fokus auf Staaten in politischen Umbruchsituationen. Sie studierte Internationale Beziehungen und Diplomatie in Spanien und arbeitete danach im italienischen Auswärtigen Amt. Nach einem weiteren Studienaufenthalt in Alexandria, Ägypten, kehrte sie nach Deutschland zurück und besuchte die Bayerische Akademie für Fernsehen und Film. Julia Leeb ist eine der ersten deutschen Journalisten, die 360°- und Virtual-Reality-Filme in und über Krisen- und Kriegsgebiete produziert.

»Konflikte entwickeln ihre eigene Dynamik. Neutrale und vernünftige Stimmen schlagen sich über Nacht auf eine Seite und werden manchmal zu fragwürdigen Akteuren. Die Guten von heute können morgen selber Menschenrechtsverletzungen begehen. Kleine Kinder sind immer unschuldig. In meinen Arbeiten zeige ich keine verletzten Kinder. Sie können nichts dafür. Oft imitieren sie die Erwachsenen und halten der Gemeinschaft einen Spiegel vor. Sie zeigen dann, in welche Lage die Erwachsenen sie gebracht haben. Kinder sind die Zukunft eines Landes. Sie sind die Chance auf einen Neubeginn.«

Uganda, 2017. Südsudanesische Flüchtlinge in Uganda. Kleiner
Junge mit Stock ist jetzt der Beschützer seiner Familie.

Afghanistan, 2012. Junge imitiert Erwachsene mit Spielzeuggewehr.

Afghanistan, 2012. Siebenjähriger fährt seine kleinen Geschwister.
Ein paar Tage verbrachte ich in dem Haus eines afghanischen Gast-
gebers. Die Männer verließen früh das Haus. Frauen, Kinder und ich
blieben zurück, was eine Art Lagerkoller in mir hervorrief. Als ich
draußen Motorengeräusche hörte, startete ein Junge gerade das
Auto seines Vaters. Er legte einen kleinen Koffer auf seinen Sitz, um
an das Lenkrad zu gelangen. Seine drei kleinen Geschwister zwischen vier und sechs Jahren stiegen mit mir ein. In der Ferne sahen
wir vermummte, bewaffnete Männer. Doch der Junge drückte aufs
Gas. So ließ ich mich von einem Siebenjährigen durch ein mir nicht
wirklich geheures Außengebiet von Kabul fahren.

Nordkorea, 2013. Mädchen repräsentiert die Erfolgsgeschichte des Regimes.

Nordkorea, 2013. Kinderpaar.

Nordkorea, 2013. Mädchen in Uniform der einzigen kommunis-
tischen Dynastie.

Nordkorea, 2013. Kinder marschieren auf dem Arirang-Festival
(Mass Games).

Demokratische Republik Kongo, 2016. Rebell im Dschungel.

Demokratische Republik Kongo, 2016. Flüchtlinge: Pygmäen-
mädchen beschützt seine Strohhütte.

ZAFIR ABDULKARIM arbeitet
als Fotograf, Übersetzer, Grafik-
designer und Entwicklungshelfer.
Er wuchs in Syrien in einem akti-
ven Kriegsgebiet auf und erlebte
die Auswirkungen gewaltsamer
Konflikte aus nächster Nähe. Dieser
einzigartige Einblick begründet
sein ausgeprägtes Talent für starke,
ehrliche Fotografie. Er lebt noch
immer in der Provinz Idlib, einem
der derzeit verheerendsten Kriegsgebiete.

»Krieg, Armut, Tod, das vollständige Ausbleiben einer Idee von Zukunft, all das kulminiert in der Form einer immensen Tragödie für diese Kinder. Wenn ich sie sehe, fühle ich mich, als blicke ich auf erwachsene Männer und Frauen und nicht auf Kinder in ihrem Kindsein. Ihre Arbeit, ihre Umgebung, die Hand des Schicksals hat sie zu einem Leben gezwungen, das weder ihrem Alter noch ihren Träumen je gerecht werden kann. Ich habe erlebt, dass das Ausmaß der Gefahren und ihre desolate Situation die Gedanken dieser Kinder verzerren, ihre Körper entstellen und ihre Zukunft verfälschen. Aus tiefstem Herzen hoffe ich, dass diese Kinder eines Tages an ihren rechtmäßigen Ort zurückkehren, ein warmes, liebevolles und gemütliches Zuhause haben, wo sie Spielzeuge haben, Malstifte und Fantasiegeschichten erzählen. Wo sie fröhlich und sorglos lachen können – so wie alle Kinder dieser Welt das tun sollten! Trotz meines persönlichen Gefühls der Machtlosigkeit angesichts der Situation dieser Kinder habe ich mich entschlossen, sie als Motive zu wählen und diese Bilder zu machen, um der ganzen Welt die dunkelsten Orte der Menschlichkeit auszuleuchten. Hoffentlich, nur ganz vielleicht, schaffe ich es, ein paar Herzen zu berühren. Um der Kinder willen. Das Ausmaß des Leids, von dem diese Bilder sprechen, übersteigt mein Gefühl des Mitleids und der Hilflosigkeit um ein Vielfaches. Ich hoffe wirklich, dass der schmerzhafte Prozess, diese Bilder zu präsentieren, einen Unterschied macht, eine Chance für diese Kinder eröffnet, eine Veränderung zu erleben, die ihnen den Traum einer helleren Zukunft ermöglicht.«

Syrien, 2019. Elektrikerjunge. Der zehnjährige Mustafa Yasin kommt aus Qalaat al-Mudiq, aber jetzt lebt er als Flüchtling in einem Lager in Kafr Lusin. Sein Vater sagt: »Es ist kein idealer Ort, um ihn aufzuziehen, aber im Krieg musst du dich nun einmal mit der besten und das heißt sichersten Option arrangieren.«

Syrien, 2019. Zwei Kinder bei der Holzarbeit. Der zehnjährige
Mohamed und der neunjährige Mustafa Ibrahim, die eigentlich
aus Aleppo kommen, befinden sich jetzt in den Flüchtlingslagern.
Der ältere Bruder erzählt: »Es ist mühsam, zwölf Stunden am Tag
zu arbeiten, während du die anderen Jungs spielen siehst; aber es
ist besser, als hungrig zu Bett zu gehen.« Die Brüder unterstützen
die Holzschneider, sie stapeln Holzklötze und Briketts.

Syrien, 2019. Junge sammelt Pappkartons. Zakaria Deiab stammt aus Al Qusayr. Nachdem die Familie gezwungen wurde, ihre Heimat zu verlassen, lebt der Junge zurzeit im Camp bei Bab al-Hawa. Die Arbeit seines Vaters reicht nicht aus, um die Familie zu ernähren, sodass Zakaria Tag für Tag Plastikmüll und Pappkartons sammelt, um der Familie im Winter Brennmaterial zu beschaffen. »Für einen warmen Tag muss ich tagelang arbeiten«, sagt er.

Syrien, 2019. Zwei Jungen arbeiten als Schweißer. Ahmed ist acht, sein Bruder Moshel Rahim zwölf Jahre alt.

Syrien, 2019. Junges Mädchen sorgt für seine kranke Großmutter. In einem Luftangriff verlor Baraa ihren Onkel und ihre Tante, ihre Großmutter überlebte, ihr Körper ist deutlich gezeichnet. Baraa musste die Schule aufgeben, um ihrer Mutter zu helfen, für die Großmutter und die verwaisten Cousins zu sorgen. Sie ist 13 Jahre alt.

MURAT BAY wurde 1984 geboren. Seit 2010 arbeitet er als Dokumentarfotograf in der Türkei, im Irak, in Syrien, in Europa und in der Antarktis. Er begleitet soziale Bewegungen, bewaffnete Konflikte, Migrationsbewegungen und Naturkatastrophen mit der Kamera. Für den Film *Human Flow* des Künstlers Ai Weiwei arbeitete Bay als Kameramann.

»Seit längerer Zeit arbeite ich in Kriegs- und Ka-
tastrophengebieten. In den meisten Tragödien,
die mir begegnet sind, waren Kinder am stärksten betroffen. Von Erwachsenen verantwortete
Ereignisse haben für Kinder, die sich hiervor nicht
schützen können und noch kaum Überlebens-
mechanismen entwickelt haben, schreckliche
Konsequenzen und verursachen dauerhafte
Schäden, insbesondere bezüglich ihrer geistigen Entwicklung. Nach meinen Beobachtungen
können Kinder in Kriegsgebieten ihre Situation
in der Regel nicht verstehen, keine Beziehung
zwischen Ursache und Wirkung herstellen. Wie
definiert zum Beispiel ein während des neunjäh-
rigen syrischen Bürgerkriegs geborenes Kind die
Welt? Solche Fragen führen zu kaum erträglichen
Antworten. Ich habe in der Stadt Kobane in Syrien
Kinder gesehen, die mit den Leichen von ISIS-Mit-
gliedern, zerstörten Panzern oder Munitionsresten
von schweren Waffen gespielt haben. Was können
die Flüchtlingslager, die wegen ihrer Umzäunun-
gen wie Gefängnisse aussehen, mit ihren Zelten,
in denen mehrere Familien (manchmal 15 bis
20 Menschen) zusammengepfercht sind, den
Kindern bieten – außer weitere Traumata? Ich

glaube natürlich an die angeborenen Menschenrechte dieser Kinder und wünsche mir, dass sie wie
normale Kinder aufwachsen könnten. Dafür setze
ich mich ein. Diese Generation von Kindern von
ihren Traumata zu befreien und zukünftig mögliche Gewalt, Kriege und ähnliche Grausamkeiten
zu verhindern, ist eine große Verantwortung.
Deshalb möchte ich mit meiner Fotografie diese
Ereignisse sichtbar machen. Ich hoffe, dass meine
Fotos dazu beitragen, sensible Menschen dazu zu
bringen, gegen Krieg und Gewalt Position zu beziehen. Ich liebe das Leben wie andere auch, und
wenn ich diese Motivation nicht hätte, hätte ich
mich nicht dazu bewegen können, in gefährlichen
Regionen und Kriegsgebieten zu arbeiten, noch
dazu freiwillig und meist ohne Bezahlung. Ab-
schließend möchte ich klarstellen, dass das einzig
Farbige, was ich im Grau der Dutzenden Kriegsgebiete und zerstörten Städte, die ich gesehen
habe, wahrnehmen konnte, das zurückkehrende
Lächeln von Kindern gewesen ist. Ich schöpfe für
die Menschheit noch allein aus diesem Lächeln
Hoffnung ...«

Türkei, 2016. Nach den Kämpfen der Volksverteidigungseinheiten YPS und der türkischen Armee sind beinahe alle kurdischen Städte im Ostteil des Landes zerstört. Nach der Ausgangssperre betrachtet ein Kind sein Zuhause.

Türkei, 2016. Ein Kind vor den Trümmern seines völlig zerstörten Zuhauses.

Irak, 2016. Eine Gruppe Kinder spielt draußen, gerade nachdem die irakische Armee IS-Truppen aus al-Qayyarah zurückgedrängt hat.

Syrien, 2015. In Kobane wartet ein Junge auf einem Anhänger auf seine Familie, die ihre Habseligkeiten einsammelt.

Türkei, 2015. Ein Mädchen ruft »Freiheit für Kobane«. Jedes Jahr am 21. März kommen Kurden aus Suruç in der Türkei und Kobane in Syrien zur Grenze und feiern die Freiheit während des Nevruz-Festes mit einem großen Feuer.

Türkei, 2014. Während der Belagerung von Kobane flüchteten etwa
200 000 Menschen aus Syrien in die nahe gelegene Stadt Suruç in der
Türkei. Manche Flüchtlingslager waren bereits voll, sodass Menschen
ihre eigenen Zelte aufschlugen. Nach einem starken Unwetter graben
Kinder Wasserkanäle in der Nähe der Zelte.

JOHANNA-MARIA FRITZ wohnt in Berlin und ist das ganze Jahr über unterwegs. An der Ostkreuzschule hat sie Fotografie studiert, seit Anfang 2019 ist sie Mitglied der gleichnamigen Agentur. Ihre Arbeiten wurden unter anderem im *Spiegel*, der *Zeit*, *National Geographic* und *Newsweek China* veröffentlicht. Dafür wurde sie mit dem Inge-Morath-Preis, dem Lotto Brandenburg Preis und dem VG-Bild-Stipendium ausgezeichnet.

»Natürlich bin ich überzeugt, dass wir Fotografen mit dem Veröffentlichen unserer Bilder viel erreichen können. Allerdings geschieht Veränderung nicht sofort. Und so finde ich es fast notwendig, Menschen, die man in Not fotografiert, auch zu helfen oder eben – sofern man die Möglichkeit dazu hat – das Bestmögliche zu tun, damit es den Kindern und Erwachsenen besser geht.«

Afghanistan, 2016. Der MMCC (Mobile Mini Circus for
Children, Afghanistan): Mädchen-Team kurz vor einer
Show in einem Park in der Hauptstadt.

Indien, 2019. Reena (circa sieben Jahre alt) arbeitet auf den Straßen von Rajasthan, um sich und ihre Familie zu ernähren. Sie tanzt seit drei Jahren auf dem Seil. Normalerweise spannen die Seiltänzer ihr Seil neben großen Straßen, sodass Autofahrer sie sehen und etwas Geld spenden. Ihre Familie hat kein Haus, sie reisen das ganze Jahr in Zelten.

Russland, 2018. Erst vor drei Monaten hat Arthur (14) mit dem Seiltanzen angefangen. Im Gegensatz zu den anderen trainiert er als
Anfänger noch auf den niedrigeren Seilen. Bei Auftritten ist er noch
nicht auf dem Seil.

Russland, 2018. Sabrina (8) während des Seiltanztrainings in der alten Philharmonie, in der schon Lenin sprach. Seit einem Jahr wird sie von Khalil und seinem Vater unterrichtet. Zum Seiltanzen kam sie durch ihren Opa, einen Freund des Lehrers.

Russland, 2018. Muslim »Borz« Zhulagow ist Kind und Kampfsport-
ler aus Tschetschenien. Mehrmals die Woche trainiert er im »Berkut
olimpijska«, einem der beiden berühmten Kampfsportzentren
Tschetscheniens. Der zehnjährige Muslim wird lokal als eines der
größten Nachwuchstalente des MMA gehandelt. Die Kinder dort
trainieren den brutalen Kampfsport schon ab fünf Jahren. Der
Zehnjährige hat fast 5000 »Follower« auf Instagram, errang in
43 Profikämpfen 42 Siege. Er wird vom Diktator Ramsan Kadyrow
als Werbeschild benutzt: Die beiden geben zusammen Interviews
oder lassen sich im Partnerlook fotografieren.

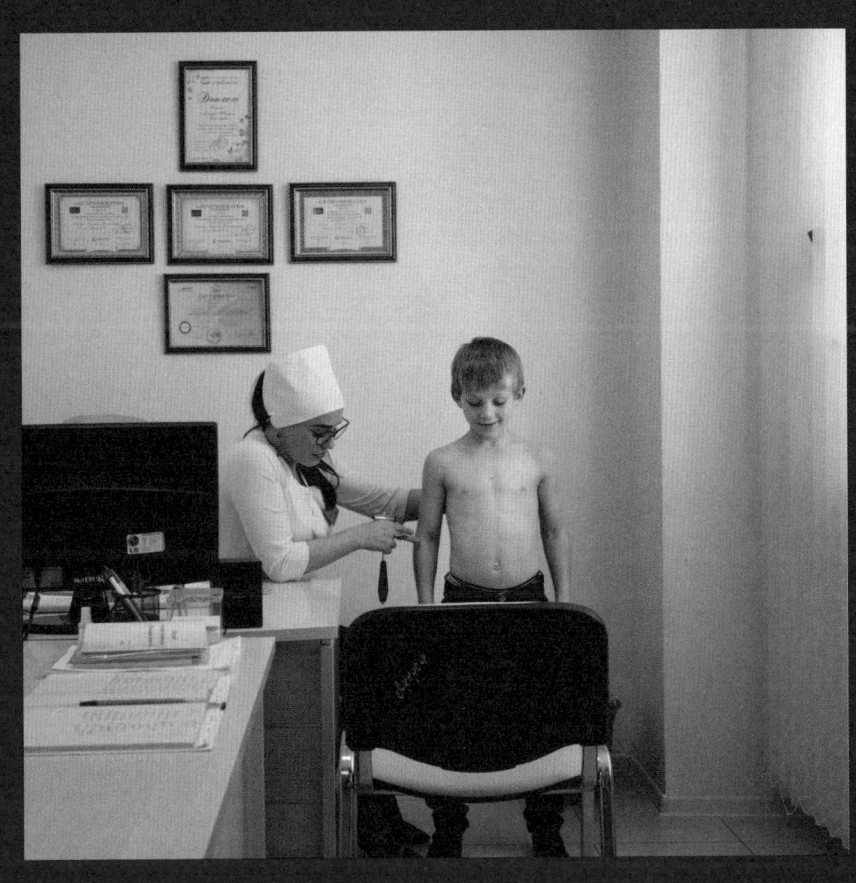

Russland, 2018. Muslim muss sich – wegen der extremen Belastung, der sein Körper ausgesetzt ist – monatlich in der Spezialklinik untersuchen lassen.

Russland, 2018. Muslim und sein Vater Islam Zhulagow. Sie schauen sich gerade Muslims Instagram-Account an, den der Vater verwaltet.

Russland, 2018. Ramsan Kadyrow im Fernsehen der Familie
Zhulagow. Einige der Pokale, die Muslim gewonnen hat, stehen
vor dem Fernseher. Selbst der Staatschef ist ein großer Fan des
Jungen. Viele Bilder zeigen ihn und Muslim vor und nach den
Kämpfen. Auch Kadyrow schickt seinen Sohn zum MMA.

SEBASTIAN BACKHAUS ist auf
politische Prozesse um dschiha-
distische Bewegungen im Nahen
Osten spezialisiert und erst spät
auf die Fotografie gekommen.
Vorher arbeitete der gelernte
Sozialpädagoge und MBA im
Management der Kinder- und
Jugendhilfe. Backhaus, 1979 im
emsländischen Meppen geboren,
lebt in Berlin und hat das Fotografieren autodidaktisch in den Nach-
wirren des Arabischen Frühlings in
Kairo gelernt.

»In jedem Bild, das ich von arbeitenden Kindern in Kriegsgebieten fotografiere, fehlt etwas; etwas, was mich an das große Glück und die ebenso so große Ungerechtigkeit erinnert, die mir durch einen Zufall des Schicksals zum Privileg wurde: in Deutschland aufgewachsen zu sein. Es ist die Kindheit, die in den Gesichtszügen dieser Kinder fehlt. Egal wie oft mir arbeitende Kinder begegnen, ich gewöhne mich nicht daran. Diese Augenringe und diese Erschöpfung, dieses oft von Sorgen, Anstrengungen und Entbehrungen verzerrte Gesicht, irritieren mich wieder und wieder aufs Neue. Der Ausdruck passt nicht zu dem Körper, der ihn trägt.«

Syrien, 2018. Bilal (12) ist eines von sieben Kindern der Familie Schami. Gemeinsam mit seinem Vater Jachia (44) repariert er an einer Straßenkreuzung in Manbidsch in Syrien Ölöfen und Gaskocher an einem improvisierten Stand auf dem Bürgersteig. Sein Gesicht ist von der Arbeit rußverschmiert.

Syrien, 2018. Ein Junge verlässt in der Stadt Manbidsch in Syrien eine Bäckerei mit einem schweren Blech Kuchen, um einen Kunden zu beliefern, der in seinem Auto auf der Straße wartet. Die Kleidung des Jungen ist von der Arbeit in der Bäckerei deutlich gezeichnet.

Irak, 2017. Nach den verheerenden Kämpfen in der irakischen Stadt Mossul und dem Sieg über den IS beginnt das große Aufräumen. Im Westteil der Stadt helfen Kinder an einer Baustelle.

Syrien, 2019. Akram (10) ist Teil einer Familie in Qamischli in Syrien, die sich dem Kampf innerhalb der kurdischen YPG-Einheit ver- pflichtet sieht. Hier hantiert Akram, der sich bereits bestens im Umgang mit Waffen auskennt, mit einer Kalaschnikow im Wohn- zimmer seines Zuhauses. Im Hintergrund sind zwei Plakate zu sehen, die seine Brüder zeigen. Beide kamen im Alter von 18 Jahren im Kampf ums Leben. Akram möchte selber sobald wie möglich in den Kampf ziehen. Sein Vater befürwortet das.

ANDONI LUBAKI wurde 1982 in Urretxu im Baskenland geboren. Er ist preisgekrönter Fotograf, der sich mit seiner Arbeit vor allem auf Länder des Nahen Ostens und Nordafrika, auf nationale und soziale Identitäten fokussiert. 2011 veröffentlichte er erste Bilder zum Krieg in Libyen, seitdem bereist er die Welt und versucht, längere, zusammenhängende Dokumentationen aus Konfliktzonen nachzuzeichnen.

»Natürlich ist jede Situation anders, aber das Erste, was ich fühle, ist meistens Ärger. Warum arbeiten diese Kinder, wenn sie eigentlich in der Schule sein oder spielen sollten? Dahinter liegen oft grausame Geschichten. Mein erster Eindruck, als ich Ahmed im Café in Qamiihsco arbeiten sah, war: ›Die Besitzer wollen nicht arbeiten.‹ Aber wenn man die Lebens-umstände versteht, verändert sich der Blickwinkel. Ich habe nur selten Chefs getroffen, die den Kindern nicht einfach aus Mitleid helfen würden, wohl wis-send, dass es sinnvoller wäre, dass sie zur Schule ge-hen würden, wenn die Situation normal wäre. Ist sie aber nicht, sodass der beste Weg, den Kindern und ihren Familien zu helfen, nun einmal ist, ihnen Arbeit zu geben. Bislang habe ich keinen einzigen Chef getroffen, der Kinder ausnutzt, um reich zu werden. Ich weiß, dass es das gibt, aber ich kann nur für mich sprechen.

Deswegen bin ich sehr vorsichtig, wenn ich solche Bilder veröffentliche. Es muss ein respektvolles Ver-öffentlichen sein, das in der Bildunterschrift den Kontext der Aufnahmesituation erklärt. Fotografie dient sich häufig der Manipulation an und ist leicht misszuverstehen, wenn sie nicht den passenden Kontext liefert. Einigen Publikationen habe ich die Veröffentlichung sogar verwehrt, zum Beispiel vom Kind auf dem Müllberg. Niemand hat es gezwungen, dort zu arbeiten. Es ist seine einzige Option, um zu überleben. Niemand hat einen Vorteil aus seiner

Arbeit, außer es selbst. Fotojournalisten schulden ihren Motiven, sehr vorsichtig mit ihnen umzugehen. Ich wünsche all den Kindern, die ich fotografiere, das Beste, weiß aber leider auch, dass eine bessere Zukunft nicht in deren Händen liegt. Kriege und Armut sind ihre engsten Begleiter, nicht die Hoffnung auf fröhlichere Tage. Mit Ahmed halte ich Kontakt, wir schreiben uns über das Smartphone seines Cousins oder schicken Bilder. Es passiert häufig, dass ich mich mit den Kindern gut verstehe und versuche, ihre Situation direkt ein wenig zu bessern, obgleich ich weiß, dass nicht ich derjenige sein werde, der ihrer Problemlage ein Ende bereiten wird. Auf der Mülldeponie habe ich sogar versucht, Hilfe über die NGO zu organisieren, in deren Namen ich dort war. Ich wollte ein paar Menschen, die ich auf der Deponie getroffen habe, wiederfinden, auch den Jungen, aber niemand wusste, wie wir in Kontakt kommen sollten. Ein Kind in dieser Situation großzuziehen, bedeutet, den Mangel und die Armut auf die kommende Generation zu übertragen.

Häufig gerate ich in Situationen, die ich nicht explizit gesucht habe, so wie auch in den beiden Fotos, die ich hier zeige. Aber wenn ich hineingerate, dann kann ich das, was ich sehe, nicht unfotografiert lassen, sondern ich muss die Szenen durch meine Fotos bezeugen. Ich fotografiere dann nicht, weswegen ich engagiert wurde, sondern weil das Fotos sind, die mich im Inneren bewegen.«

Syrien, 2019. Ahmed, ein Flüchtling aus Serêkaniyê (Ras al-Ain),
arbeitet während des Clásico Barcelona gegen Real Madrid in der
Shisha-Bar seines Cousins in Qamischli. Ahmed hat seinen Vater
verloren, er wurde von Dschihadisten auf offener Straße ermordet.
Nach dem Abzug der US-Truppen aus Nordsyrien im Oktober 2019
startete die Türkei eine Offensive gegen die Kurden im Nordosten
Syriens. Seither mehren sich Forderungen, Ermittlungen wegen
Kriegsverbrechen gegen die von Ankara unterstützten Milizen
aufzunehmen.

Mosambik, 2012. Ein Kind verbrennt Gummi an Metallteilen, sodass es den Schrott verkaufen kann, meist für weniger als einen Euro pro Kilo. Niemand weiß, wie viele Minderjährige auf der Mülldeponie von Maputo »Hulene« leben. Viele von ihnen leben in extremer Armut, nachdem sie von ihren Familien verstoßen wurden oder aus unklaren Familienverhältnissen flüchteten. Viele Frauen hier gebären im Stillen und setzen ihre Neugeborenen aus. Einige von ihnen überleben, aber die meisten sterben nach ein paar Stunden.

Armin Nassehi
Warum die Gesellschaft kindisch ist
Eine Ehrenrettung des Kindlichen

Vielleicht sind Unterhaltungsformate und Werbung diejenigen Medien, die am ehesten etwas über den emotionalen Haushalt unserer Zeit verraten. Momentan verbreitet sich in Unterhaltung und Werbung – und zwar in gesprochener wie in Bild- und Tonsprache – der Eindruck, dass das Publikum angesprochen wird, als handle es sich bei ihm um Kinder. Eine auf lustig und leicht getrimmte Intonation lässt nicht nur jede Ernsthaftigkeit vermissen, sondern spricht das Gegenüber nicht als einen Entscheider an, vielmehr als jemanden, bei dem ein bestimmtes Gefühl aktiviert werden soll, eine Stimmung, so, wie man auch von Tieren in Animationsfilmen angesprochen wird.

Danke, Lino!

Als frappierendes, aber keineswegs besonderes Beispiel mag die Werbung für eine Salbe gegen rissige Haut namens Linola dienen. Die Hauptwirkstoffe sind Linolsäuren, die Firma bietet verschiedene Präparate an, die zur Anwendung von einfacher Hautpflege bis zur Behandlung von Psoriasis und Neurodermitis reichen. Beworben wird das Produkt zum Beispiel im Fernsehen mit einer comicartigen Figur, die man aufgrund der Namensgebung womöglich eine einem Rhinozeros nachempfundene beschreiben kann. Sie ist blau, ein wenig unförmig und hört auf den Namen Lino. Die Werbespots lassen dieses Geschöpf in Szenen auftreten, in denen es sich die entsprechenden Körperstellen – mit wohliger Mi-

mik unterlegt – eincremt. Stets endet der Spot mit dem Ausruf: »Danke, Lino!« Es ist wirklich eines der schlimmsten Beispiele, die ich kenne – aber es ist nur eines von unzähligen Äquivalenten.

Man kann diesen Spot für gut oder schlecht halten. Wahrscheinlich werden kreativwirtschaftliche Fachkräfte dafür sogar Kriterien in vollständigen Sätzen formulieren können, ganz ohne Einsatz solcher Comicfiguren und ohne diese kindische Sprache. Ohne diese Kriterien freilich wundert man sich darüber, warum sich ein offensichtlich erwachsenes Publikum bei Sinnen so ansprechen lässt. Und noch mehr: Das Publikum scheint das nicht nur zu ertragen, sondern gar zu wollen, denn solche Kampagnen würden so nicht gestaltet werden, wenn nicht zuvor getestet worden wäre, dass sie bei der Zielgruppe ankommen – einer Zielgruppe, die explizit nicht aus Kindern besteht, denn Kinder kaufen weder Arzneimittel noch Pflegeprodukte. Solche Werbekommunikation und Markenbildung setzen auf maximale Vereinfachung. Die Sache selbst wird dekontextualisiert, letztlich wird auf explizite Thematisierung verzichtet – fast wie die Triggerwarnung vor »explicit language« es nahelegt – und alles wie in einem Spiel aufgelöst. Aus Information wird Unterhaltung, aus einer Sache eine Marke, und (Kauf-)Entscheidungen werden mit kindisch-ästhetischen Mitteln angeregt.

Nun will ich nicht so naiv sein, Werbung mit einer Informationskampagne zu verwechseln und Markenkommunikation mit einem Beipackzettel. Es gibt keine rationale Entscheidung dafür, Produkte mit Linolsäure ausgerechnet von diesem Hersteller zu kaufen. Es würde auch ohne Lino gehen, aber Lino scheint zu helfen. Lino bindet das Bewusstsein – das beweist allein die Tatsache, dass ich mich an einen solchen Clip erinnere, und das angesichts meiner sehr geringen Frequenz von Fernsehkonsum, und dann auch noch in der werbebegrenzten Zeit, was übrigens ein Argument mit starker öffentlich-rechtlicher Schlagseite ist. Aber auch mit dem Phänomen der Markenbildung lässt sich das Kindische nicht erklären. Marken bilden für den Konsumkapitalismus so etwas wie korporative Persönlichkeitsmerkmale, *images*, es sind vertrauensbildende Maßnahmen. Dass das Wirtschaftssystem als Funktion in der Gesellschaft für Knappheitsausgleich sorgt bzw. Knappheit bearbeitet, bedeutet gerade in einer Konsumgesellschaft nicht, dass man die Verteilung von Gütern und die Form des Konsums ausschließlich an Bedarfen und Versorgungskriterien messen kann. Gerade in einer Überflussgesellschaft wird die Kaufentscheidung nicht durch die Produkte selbst, sondern durch die begleitende bezeichnende Verdoppelung in Marken erzeugt. Die entscheidende ökonomische Frage ist nicht, ob man Produkte mit Linolsäure oder einen Joghurt oder eine Zahnpasta erwerben muss, sondern welche. Und hier gibt es bei den meisten Produkten kaum Kriterien, die ihnen selbst zu entnehmen sind. Sicher gibt es wirksamere und weniger wirksame, aufwendigere und damit teurere und einfachere, somit preisgünstigere Produkte. Aber die Preisbildung hat vor allem mit Markenbildung zu tun. Produkten wird eine zweite ontologische Ebene verpasst, die für die Preisgestaltung und für die Verbreitung relevant ist. Man muss gewissermaßen durch produktfremde Informationen von Produkten überzeugt werden.

In der Werbewirtschaft spricht man von einem Status, der einer Persönlichkeit ähnelt, einem Sein, dem man Personenqualität zuschreibt und das Vertrauen aufbauen und verlieren kann, dem Qualitäten zugesprochen werden und mit dem man eine langjährige Beziehung eingeht. Die Rationalität der Kaufentscheidung scheint darauf hinzudeuten, dass der Homo oeconomicus ökonomische Kriterien zwar durchaus an jenen »Mehr-versus-weniger-Präferenzen« festmacht, die Präferenzbildung aber nicht nur harten ökonomischen Berechnungen unterliegt. Der Konsumkapitalismus ist deshalb eine merkwürdige Vermischung von Notwendigkeit und Beliebigkeit. Es geht darin einerseits um handfeste Existenzbedingungen und Versorgung, andererseits um eine groteske Aufladung von Bedeutungen für Bedeutungsloses. Noch einmal: Die entscheidende Frage ist nicht, dass man linolsäurehaltige Produkte kaufen kann/muss/will, sondern welches Produkt warum gekauft wird, das gleichzeitig von mehreren Herstellern und/oder Händlern angeboten wird. Konkurrenz und Wettbewerb als das Marktprinzip schlechthin setzen es geradezu voraus, dass Unterschiedliches mit unterschiedlichen

Qualitäten angeboten wird und dass das in die preisbildende und preis-kommentierende Kommunikation eingelassen wird. Dieser Mechanis-mus trifft auf eine Kultur, die unterhalten werden will und in der auch genügend Zeit vorhanden ist, solche postmaterialistischen Kriterien zu den entscheidenden Kriterien zu erheben.

Das unterhaltene Subjekt

Man sollte nicht unterschätzen, dass Konsum auch eine Unterhaltungs-funktion hat – und schon wenn man diesen Satz hinschreibt, stockt das Argument ein wenig, weil es sich so anhört, als ginge es im Wirt-schaftssystem gar nicht um Ungleichheiten und Versorgungsprobleme, um Allokationsrisiken und auch Ungerechtigkeiten, um ökonomische Zwangslagen etc. Aber es ist frappierend, dass die kulturelle Dimension des Konsums in allen Preisklassen eine geradezu selbstverständliche Erwartung ist. Vielleicht hat Konsum in unserer Gesellschaft tatsäch-lich eine Kompensationsfunktion – wer konsumiert, hat genug damit zu tun, Fragen zu beantworten, bei denen es um nichts anderes geht als um den Konsum selbst. Vielleicht ist der Konsum die vollendete 68er-Revolution, der man ästhetisch zumindest nachsagen kann, dass sie mit der Erfindung der Popkultur die Pose deshalb zur bedeutungsvollsten Äußerungsform erklären konnte, weil die popkulturelle Pose letztlich nichts bedeutet. Ich habe an anderer Stelle die Funktion der popkul-turellen Unterhaltung darin gesehen, von Reflexion zu entlasten – die 68er-Akademisierung von Debatten, der Theoriehabitus und die Re-flexionsexzesse zumindest der entscheidenden Trägergruppen wurden durch Popkultur, durch Dauerberieselung und Posing abgemildert.[1] Pop und Unterhaltung entlasten von der Reflexion – und Konsum ist in-zwischen eine Form der Unterhaltung, die die Reflexion noch einmal in sich selbst aufnimmt und das Argument selbst zu einer Pose macht. Es gehört zum Unterhaltungsaspekt von Konsum, dass man sich von bedeutungsschwangeren Sätzen über die Identität von Produkten, die

Werte, die Unternehmen vertreten, und von Botschaften, die in den Produktinszenierungen stecken, unterhalten lassen kann. Man kauft ein Produkt mit einer elaborierten Bedeutung, kreativwirtschaftlich aufgeladen, bekommt Argumente frei Haus geliefert – und wendet sich sogleich einem anderen Produkt zu, das vielleicht das Gegenteil an Werten vertritt, oder auch nicht, es kommt nicht darauf an.

Unter Unterhaltung würde ich diejenigen Kommunikationsformen verstehen, die vor allem dazu dienen, das Bewusstsein bei Laune zu halten, und Werbung ist derjenige Bereich, der uns mit dem Konsum verbindet und der Beliebigkeit der Produktauswahl wenigstens ein Moment der Beliebigkeitseinschränkung verleiht. Unterhaltung und Werbung setzen damit an einem funktionalen Erfordernis an, das in der modernen Gesellschaft schwer gestillt werden kann: an der Kompensation von Kontinuitätsunterbrechungen. Wenn man die Vergesellschaftung in der Moderne idealtypisch mit früheren, kompakteren Lebensformen vergleicht, gelingt es der modernen Gesellschaft nicht mehr so einfach, das individuelle Bewusstsein bei der Stange zu halten. Kompakte Lebensformen in stark gemeinschaftlichen Zusammenhängen mit wenigen nötigen Lebensentscheidungen, recht alternativlosen, zugleich aber gefährlichen Lebensverläufen mit der vergleichsweise exklusiven Zugehörigkeit zu bestimmten Gruppen konnten das Bewusstsein binden. Die Eigenleistung für die Lebensführung war relativ gering, und da soziale Abweichungsmöglichkeiten kaum ausgeprägt waren (oder stark sanktioniert), gab es wenig funktionalen Anlass für eine besondere Abweichungsverstärkung des Innerpsychischen. Und unter zeitlichen Aspekten sind Bewusstsein und Kommunikation, einfacher formuliert, individuelle und soziale Prozesse leichter zu synchronisieren.

Moderne Gesellschaften können diese Synchronisationsleistung nicht mehr garantieren. Das hat für das Bewusstsein zur Folge, dass es sich nun selbst stabilisieren muss, indem es einerseits mit ganz unterschiedlichen sozialen Erwartungen jonglieren muss, Widersprüche aushalten und integrieren muss, andererseits für die Kontinuität selbst sorgen muss. Es leidet zugleich unter zu vielen und zu wenigen Ereignissen –

zu vielen, weil die Anforderungen so hoch werden, zu wenigen, weil es von außen zu allzu viel Kontinuitätsabbruch kommt. Es wird deshalb zum Subjekt seiner selbst, weil es sich als Zentrum der Welt sehen (muss) und Kontinuität und Überraschung selbst zu managen hat. Es muss sich unterhalten, aber es muss auch unterhalten werden. Niklas Luhmann schreibt dazu: »Historisch gesehen ist es denn auch kein Zufall, daß die Semantik des Subjekts und die Semantik des ›ennui‹ gleichzeitig entwickelt worden sind. Das Bewußtsein entdeckt sich selbst als Subjekt und als Langeweile und fordert, da es sich selbst nicht entlangweilen kann, von der Gesellschaft Unterhaltung.«[2]

Konsum und Unterhaltung sind also Formen, dem – gelangweilten – Bewusstsein, genug Material zu bieten, sich zu kontinuieren. Es simuliert gewissermaßen eine kontinuierliche Welt, muss sich das aber letztlich durch eine besondere Form der Unbedeutsamkeit erkaufen. Marken etwa sind mit Bedeutung aufgeladene Kommunikationsanlässe, aber letztlich unbedeutend, weil sie reine Simulation bleiben. Diese Simulation ist nicht beliebig – und sie ist keineswegs immer von so barbarisch schlechter Machart wie der »Danke, Lino!«-Abgrund. Sie kann sogar intelligent sein, humorvoll, sogar informativ. Und sie bedient bisweilen den allzu menschlichen Drang nach Ausdrucksmöglichkeiten und nach dem Spielerischen. Aber sie bleibt letztlich bedeutungslos.

Es hört sich an wie radikale Kulturkritik, aber so ist es nicht gemeint. Es hat ja etwas Tröstliches, und vor allem hat es eine Funktion, die Dinge mit einer Bedeutung aufzuladen, die einerseits dazu dienen kann, den Dingen einen Sinn abzutrotzen, andererseits nicht zu viele Informationen zu erzeugen. Es verhindert jedenfalls eine authentische Lebensform, in der jeder Handgriff, jedes Wort, jede Handlung von lebensbedeutsamer Relevanz ist. Es ist vielleicht eine zivilisatorische Errungenschaft, dass es nur in den wenigsten Handlungen ums Ganze geht. Das befördert Unernst und Übermut, es erzeugt hohe Freiheitsgrade, aber es unterminiert auch die großen Selbstbeschreibungen des denkenden, seine Motive mit guten Gründen bewirtschaftenden Subjekts, das weiß, was es tut. Wir tun eher, was sich bewährt, woran wir uns gewöhnen, deshalb sind Verhaltensweisen so schwer zu ändern, obwohl sich die ganze Welt angeblich permanent ändert.

Nur in Parenthese formuliert: Dieser Unterhaltungsimperativ unseres Wirtschaftens, der vieles hervorbringt, was wirklich kein Mensch braucht, lässt die Klimawandeldiskussion in ganz neuem Licht erscheinen. Wir diskutieren noch darüber, wie man Bevölkerungen davon überzeugen kann, dass sie weniger konsumieren, vielleicht etwas nachhaltiger leben und auf ihren CO_2-Abdruck achten sollen, dabei wäre der größte Verlust, den wir zu gewärtigen haben, vielleicht der Verlust an Unterhaltung. Vielleicht muss man dafür Kompensation finden statt für die allzu vielen Produkte, die nur deshalb hergestellt werden, damit man sie verkaufen kann, nicht weil sie gebraucht werden. Vielleicht lässt sich der Klimawandel einfach nur durch bessere Unterhaltung aufhalten – das scheint gar kein abwegiger Gedanke zu sein, klingt aber wie die Quadratur des Kreises, wenn man allein daran denkt, wie viel CO_2 allein Streamingdienste zur Dauerberieselung mit Filmen, Serien, Musik und Pornografie erzeugen.

Nur Kinder?

Ist dem geneigten Leser und der geneigten Leserin aufgefallen, dass meine Formulierungen bis an diese Stelle meines Arguments über die Leute räsonieren, als seien sie Kinder, die sich langweilen und unterhalten werden müssen, als seien sie Kinder, die man an bestimmte Routinen gewöhnen muss, als seien sie Kinder, die nur selten zu wirklich rationalen Argumenten in der Lage sind, als seien sie Kinder, die man vor selbstgefährdenden Handlungen schützen muss, als seien sie Kinder, zu denen man eher ein pädagogisches Verhältnis hat als eines auf Augenhöhe? Und ist die Parallele aufgefallen, dass Werbung, Konsumangebote, Unterhaltung dasselbe tun wie ihre hier vorgetragene Erklärung, nämlich ihre Klientel eher als Kinder und weniger als Erwachsene anzusehen? Ist dies eine Selbstüberhebung? Gar ungerecht?

»Puerilismus wollen wir die Haltung einer Gemeinschaft nennen, die sich unmündiger verhält, als es auf dem Stand ihres Unterscheidungsvermögens möglich wäre, eine, die statt Knaben zu Männern zu erziehen, ihr eigenes Verhalten dem des Knabenalters anpasst.«[3] Dieser Satz stammt von dem niederländischen Kulturhistoriker Johan Huizinga, der an der modernen Kultur eine Tendenz zur Oberflächlichkeit ausmacht, die er explizit nicht der Kultur per se zuschreibt, aber einer Haltung, die die eigenen Möglichkeiten unterschreitet.[4] Es ist keine generelle Kulturkritik, wenn auch sein Werk durchaus gewisse kulturaristokratische Züge trägt. Es ist vor allem eine Kritik der Unwilligkeit der Selbstdistanzierung. Huizinga grenzt sich übrigens explizit von der psychoanalytisch »Infantilismus« genannten Entwicklungsstörung ab und zielt direkt auf die Differenz zwischen einem Verhalten, einer Haltung, wie er sagt, und den vorhandenen Potenzialen. Es ist eine Diagnose selbst gewählter Unterschreitung von Möglichkeiten, keine psychopathologische Diagnose.

Huizinga, Autor des wunderbaren Buches *Homo Ludens*,[5] ist kein Kritiker des Spiels und der »knabenhaften« Freude an ausgelassener Unmittelbarkeit, wie man das Spiel charakterisieren könnte. Er ist ein Kritiker einer Kultur, die nichts anderes mehr kennt, die das Spiel nicht vom Ernst, die Ausgelassenheit nicht vom Argument und die Unmittelbarkeit nicht von der Distanzierung unterscheiden kann. Darin ist Huizinga, der 1945 starb, ein wirklich aktueller Autor. Huizinga geht es darum, den vor allem inszenatorischen Charakter von Inszenierungen aufzudecken, darin aber gar nicht das Inszenatorische im kritischen Blick habend, sondern die Verwechslung der Inszenierung mit der Sache selbst. Er schreibt etwa: »Denken wir nebenbei auch an den Geist der Aufmärsche und der uniformierten Meinungen, der sich die Welt untertan gemacht hat. Man mobilisiert eigene Hunderttausende; kein öffentlicher Platz ist groß genug, eine Nation steht, Zinnsoldaten gleich, in Reih und Glied, in *einer* Pose. Nicht einmal der Zuschauer entgeht der Suggestion, das hier Gebotene müsse Größe, müsse Macht sein. – Dabei ist es bloß kindisch.«[6] Im Blick hatte Huizinga natürlich die zeitgemäße Form der Aufmärsche, der theatralen Inszenierung von Stärke, der militärischen

Gleichförmigkeit, der ostentativen Potenz – die er allesamt für letztlich impotent hielt. Er kaprizierte sich dabei auf die Form der totalen Unmittelbarkeit, die den Inhalt dann folgen lässt. Kindliche Inszenierungen sind dann auch nur zu kindlichem Denken in der Lage – und die Adressaten wussten schon, dass sie an der Stelle getroffen werden, wo es ihnen wehtut, und das sind nicht die Inhalte selbst. Nicht umsonst erhielt Huizinga ein Publikationsverbot im nationalsozialistischen Deutschland und wurde von der Reichsschrifttumskammer auf der Liste der schädlichen Autoren geführt.

Eine Relektüre von Huizingas Hinweis auf den »Puerilismus« lohnt sich, auch weil physische und kommunikative Formen solcher Inszenierungen inzwischen viel subtilere Formen angenommen haben. Denn jene totale Unmittelbarkeit ist es, die auch die gegenwärtige Form von Debatten und öffentlichen Diskursen prägt, die eine Form des Unernstes erreicht haben, der schaudern lässt. Es ist natürlich eine gewagte These, die Theatralik der Aufmärsche mit der unterhaltenden Werbesprache und -symbolik in Beziehung zu setzen, aber ganz abwegig ist es nicht, weil es darauf abstellt, einen Vorrang der Vorführung vor dem Vorgeführten, einen Vorrang der Performanz vor der Sache selbst, der Form vor dem Inhalt anzunehmen. »Danke, Lino!« ist solch eine Form. Wenn man genau hinsieht, kann man sehen, dass es eine ästhetische und von der Sache her unerträgliche Form des Unernstes und der Belanglosigkeit ist, aber es ist gerade dazu da, nicht genau hinzusehen. Das ist das, was man soziologisch als vertrauensbildende Maßnahme beschreiben kann. Vertrauen entsteht eben nicht durch inhaltliche Transparenz, sondern dadurch, dass man glaubt, was sich in einer ersten Wahrnehmungsschicht zeigt. Vertrauen ist die Möglichkeit, nicht genau hinsehen zu müssen. So definiert man Marken, das macht die Werbung, das ist im Sinne von Huizinga Puerilismus – und ich belasse es bei dieser männlichen Form, weil »Infantilismus« als Begriff bereits besetzt ist und »Puellilismus« auch nicht weiterhilft. Huizinga spricht denn auch genau von Kindischem. Das trifft es ziemlich genau. Wir sind umgeben von kindischem Gerede.

Kindisch oder kindlich?

Huizinga redet subtil nicht von Kindlichem, sondern von Kindischem. Man muss tatsächlich zwischen Kindischem und Kindlichem unterscheiden. Kindlich würde man wohl Kommunikationsformen von Kindern oder kindgemäße Kommunikation nennen, was immer das sei. Kindlich kann eine Kommunikationsform sein, die Kinder untereinander verwenden, assoziiert wohl vor allem mit spielerischen Elementen. Als kindlich würde man wahrscheinlich die typische Form der Gegenwartsorientierung des Kinderspiels ansehen. Kinder können über lange Zeit in andere Rollen schlüpfen. Sie sind Meister der Als-ob-Kommunikation. Kindlich wäre eine Form, die ziemlich genau zwischen einer realen Realität und einer spielerischen Realität unterscheiden kann. Kinder können gut Szenerien erzeugen, in denen sie sich bewegen. Oft ist es eine Form der Verarbeitung von Alltagseindrücken – das Material bildet das, was sie im Alltag erleben: Familienformen mit entsprechenden Rollenbildern, Figuren aus Medien unterschiedlichster Natur, lebensweltliche Erfahrungen des näheren und ferneren begehbaren Raumes, vielleicht sogar Konflikte. Solch kindliches Verhalten ist nicht unbedingt unernst, und seine Anschlussfähigkeit ist stark davon abhängig, bisweilen ziemlich genaue Formen von Rollenzuschreibungen, Ordnungszumutungen und sogar Regelhaftigkeit zu erzeugen.

Der Soziologe George Herbert Mead hat in seiner Sozialisationstheorie *play* und *game* unterschieden.[7] *Play* ist für ihn das entwicklungspsychologisch frühere Geschehen. Es ist gewissermaßen das Nachspielen der Welt, eine Als-ob-Welt, eine Form, in der Kinder einüben, wie sie sich in Kommunikationsprozesse einordnen, wie sie andere einschätzen können. Es ist Rollenübernahme, das Nachspielen von Vorbildern. All das ist radikal gegenwartsorientiert, muss im Moment funktionieren und entwirft seine Logik in und aus der Situation. *Play* ist gewissermaßen Repräsentation des Alltags mit kindlichen Mitteln. Erst später schließt sich eine Orientierung an *game* an. Gemeint sind Regelspiele. Hier wird eine abstraktere Ebene eingebaut, nämlich abstrakte Regeln, an die sich die Mitspieler in ihren unterschiedlichen Rollen in gleicher Weise zu halten haben. Die Regel transzendiert die Situation dadurch, dass sie über die einzelnen Situationen bzw. über die einzelnen Spielzüge hinaus gilt.

Man kann den Unterschied schön daran erkennen, wenn kleinere und schon etwas ältere Kinder miteinander spielen – das geht oft deswegen schief, weil die älteren Kinder strikt auf Einhaltung der *Game*-Regeln pochen, während die kleineren diese Regeln in der Situation ändern wollen und so das Spiel für die älteren unmöglich machen. Das deckt sich übrigens mit den grundlegenden und schulbildenden entwicklungspsychologischen Theorien seit Jean Piaget.[8] Kindliche Entwicklung scheint eine Entwicklung vom Konkreteren zum Abstrakteren, vom Besonderen zum Allgemeinen zu sein, von der wachsenden Fähigkeit, die eigene Gegenwart zu transzendieren und neben sich zu treten und die Logik des eigenen Verhaltens zu reflektieren.

Aus einer solchen Entwicklungslogik hat Lawrence Kohlberg eine Theorie moralischer Stufen gemacht, und Jürgen Habermas hat das in den 1970er-Jahren zu einer Theorie ausgebaut, die eine Parallelität von Phylogenese und Ontogenese postuliert: Wie sich das Individuum in einer eigenlogischen Entwicklung vom kindlichen Konkret-Operationalen zum eher abstrakt und sogar prinzipiengeleiteten Handeln entwickelt, und zwar im Sinne einer logischen, sukzessive sich in der Zeit entfaltenden Notwendigkeit, so habe sich auch die Gesellschaft von in diesem Sinne eher kindlichen Stammesgesellschaften über stark normengeleitete Hochkulturen hin zu prinzipiengeleiteten modernen Gesellschaften entwickelt.[9] Parallel dazu habe sich die Fähigkeit zu abstrakteren moralischen Urteilen innerhalb dieser weltgeschichtlichen Entwicklungslogik entfaltet. Man kann sagen, dass die Menschheit in diesem Bild erwachsener geworden ist und dass manche Differenzen in der Weltgesellschaft damit eben nicht nur als sachliche Unterschiede erscheinen, sondern als Ungleichzeitigkeiten. Niedrigere Stufen der gesellschaftlichen und der moralischen Entwicklung sind demnach Ausdruck eines Noch-nicht. In solchen ungleichzeitigen Zeiten sind dann manche noch eher kindlich, während andere schon erwachsen sind.

Diese Denkfigur hat eine längere aufklärerische Tradition. Im deutschsprachigen Raum ist es vor allem die Geschichtsphilosophie von Georg Wilhelm Friedrich Hegel, die ganz explizit die Weltgeschichte wie eine Geschichte des Erwachsenwerdens als Entwicklung zu höherer Allgemeinheit hin konstruiert. Dass solche Theorien heute nicht mehr so ungebrochen als Aufklärung im Sinne des Ausgangs aus selbst verschuldeter Unmündigkeit gelesen werden, sondern postkolonial kritisiert werden, liegt auf der Hand, weil das kritische Narrativ besagt, dass sich der »erwachsene« Westen den Rest der Welt in kindlicher Abhängigkeit gehalten hat.[10]

Ich will hier nicht dieses weite Feld diskutieren, sondern eher auf die semantischen Potenziale des Kindlichen eingehen. Kindlich wäre ein Noch-nicht, wenn man so will ein Potenzialis, eine stark verzeitlichte Figur, die tatsächlich nur von der Unterscheidung zum Erwachsenen, zum Reifen lebt. Nicht umsonst kommt Kindheit als Konzept erst in solchen Zusammenhängen vor, in denen sich das Leben selbst verzeitlicht, in denen Leben geführt werden müssen und in denen es zur Etablierung von längeren Lern- und Bildungsphasen im Lebensverlauf kommt. Kindheit ist ein Korrelat der Temporalisierung menschlichen Lebens – und die Temporalisierung menschlichen Lebens bringt einen Entwicklungsgedanken hervor.

Nicht dass es in früheren Zeiten keine Idee der Entwicklung oder der Selbstvervollkommnung gegeben hätte, aber das dürfte eher die Ausnahme in Lebensformen oberer Schichten oder für religiöse Virtuosen gewesen sein. Moderne Lebensformen dagegen machen diese Temporalisierung zum grundlegenden Ordnungsprinzip individuellen Lebens und des Institutionenarrangements, das die Individuen an die Gesellschaft bindet – Familie, Kindergarten, Schule, Ausbildung/Studium, Arbeitsleben, Rückzug aus der Erwerbsarbeit. Das ist sehr schematisch formuliert, aber in diesem semantischen Feld gilt das Kindliche einerseits als eine niedrigere, frühere Entwicklungsstufe, andererseits aber auch als eine Phase sui generis mit ganz eigenen Qualitäten. Man kann das Kind mit Reinheit in Verbindung bringen – all die künstlerischen Darstellungen des Jesuskindes zeugen davon. Man kann dem Kind aber, sobald es so etwas wie eine sozial akzeptierte und erwartbare Kindheitsphase gibt, auch eine merkwürdige Kombination von Weltzugang in Form temporärer Weltabgewandtheit in vertieftem Spiel zuschreiben, womöglich ein beneidenswerter Zustand, denn das Spiel kann Möglichkeiten testen, die nicht wirklich Realität sein müssen. Jemandem eine kindliche Fantasie vorzuwerfen, ist dann womöglich nicht nur ein Vorwurf, sondern gar ein Kompliment.

Erwachsenwerden?

In der letzten Zeit gab es mehrere Versuche, der gegenwärtigen Alltagskultur, aber auch öffentlichen Debatten und Kulturkämpfen den Status des Erwachsenen abzusprechen. Eine der sichtbarsten Stimmen war dabei der österreichische Kulturphilosoph Robert Pfaller, der beklagt, dass so etwas wie *plain language*, klare Sprache usw. immer weniger möglich sei.[11] Der Diskurs, der darüber geführt wird, ist wenig produktiv. Es geht hier um die Diagnose einer übertriebenen Sensibilität vor allem liberal-urbaner Milieus, die auf bestimmte Ausdrücke, Zuschreibungen und Gewohnheiten reagieren. Gesellschaftliche Fragen werden demnach auf Identitätsfragen reduziert. Das Besondere an solchen Gerechtigkeitsfragen ist, dass man sie letztlich nie zufriedenstellen kann, weil sich immer noch eine neue Differenzierung findet, an der man ansetzen kann. Es folgt dann zumeist eine Kritik an identitätspolitischen Debatten, und bei Pfaller wie auch schon etwa bei Mark Lilla[12] wird dann betont, dass die strukturellen Fragen der Gesellschaft – Klassenfragen, Verteilungsgerechtigkeit usw. – auf Identitäts- und Zugehörigkeitsfragen reduziert werden. Es geht um die angebliche Unmöglichkeit, die Probleme wirklich beim Namen zu nennen und zugunsten von allzu Sensiblen auf robuste Wahrheiten zu verzichten.

Ohne Zweifel ist dies auch ein Medieneffekt, eine Selbstverstärkung eines an soziale Medien gewöhnten Milieus mit höchsten Symmetrieerwartungen und sehr ausgeprägten Asymmetrieantennen. Ganz ohne Zweifel gibt es solche Sensibilitäten, ebenso ohne Zweifel sind viele dieser Forderungen auch berechtigt und haben etwas mit der kulturellen Etablierung von Nein-Stellungnahmen zu tun, die schlicht auch Ausdruck einer Sensibilität dafür geworden sind, dass sich die Zahl autoritativer Sprecher erhöht hat. Das ist einerseits ein Zivilisationseffekt, andererseits kultiviert es auch durchaus kindische Sensibilitäten.[13] Aber es gibt keinen Grund für Kritiker der sogenannten Identitätspolitik, sich auf der erwachsenen Seite zu wähnen. Ein schönes Beispiel ist die zum Teil kindische Kritik an der Klimaprotest-Ikone Greta Thunberg.[14]

Vor einigen Monaten wurde über die Atlantiküberquerung der Jugendlichen diskutiert. Es wurde vorgerechnet, dass die Überquerung mit jenem hochgezüchteten Rennboot am Ende mehr Transatlantikflüge (des technischen Begleitpersonals) erzeugen wird, als wenn die Protagonistin schlicht ein Flugzeug bestiegen hätte. Des Weiteren wurde vorgerechnet, dass die mediale Aufmerksamkeit, das Entsenden von Kamerateams und Journalisten, der ganze Tross um diese Inszenierung herum mehr Kohlendioxid in die Atmosphäre geblasen haben wird, als wenn man schlicht einen Flug gebucht hätte. Man stellt dann fest: Die Kritik stimmt. »Welche Antinomie, welche Entlarvung, was für ein Fake!« – will man ausrufen und sollte doch eher still bleiben. Denn der so archaisch anmutenden Inszenierung, sich den Gewalten des Meeres mit Hightech entgegenzustemmen, wird die Inszenierung entgegegehalten, davon überrascht zu sein, dass die Dinge nicht so sind, wie sie in der kindlichen Erzählung des ganzen Geschehens erscheinen. Die Aufdeckung dieser kritisierten Kindlichkeit steht der Kindlichkeit der Entlarvung in nichts nach.

Es geht überhaupt nicht darum, ob Greta Thunberg mit ihrer Reise wirklich Kohlendioxidausstoß einspart oder vermeidet oder ob Klimakonferenzen durch die Anfahrtswege klimaschädlich sind oder ob es sinnvoll ist, solche Konferenzen mit Privatjets aufzusuchen. Das ist letztlich auch völlig irrelevant, ein kindischer Ersatzdiskurs. Es geht darum, dass die damals errechneten, mindestens sechs Atlantikflüge (wahrscheinlich konservativ gerechnet), die die ganze Sache erzeugt, auf eine kindliche Idee des Paradieses hinweisen. Wundern sich diejenigen, die die Sache aufdecken, wirklich darüber? Was ist der Erkenntniswert der Investigation? Was für eine Welt authentischer Akteure stellen sie sich vor?

All die heißen Themen der Zeit spielen in ihrer öffentlichen Inszenierung auch mit dem Motiv, wie denn eine heile Welt ohne Widersprüche aussehen würde, gewissermaßen eine Welt vor der Vertreibung aus dem Paradies. Es wäre eine, in der Äußerung und Geäußertes, Sagen und Meinen, Intention und Rezeption, Wollen und Können, Inneres und Äußeres, Bedeutung und Interpretation, Sein und Schein, Signifikat und Signifikant in Deckung zu bringen sind. Es geht um vollständige Authentizität und Widerspruchslosigkeit. Es geht um die ganze Welt. Es geht darum, was Huizinga letztlich die Leugnung von Unterscheidungsvermögen nennt. Es wäre die autoritärste Welt, die man sich vorstellen kann, weil sie keine Abweichung ertragen kann.

Die Vertreibung aus dem Paradies und das Erwachsenwerden ähneln sich darin, dass nun Widersprüche, Inkonsistenzen, man könnte sagen: der imperfekte Zustand der Welt sichtbar wird. Imperfekt ist das postparadiesische Zeitalter (also dasjenige, was nach dem Genesis-Mythos unmittelbar nach der logischen Sekunde der Schöpfung begann) schon darin, dass es der Selbstdistanzierung, des Unterscheidungsvermögens und der Unvollständigkeit jeder Weltbeschreibung gewahr wird. Imperfekt ist das postparadiesische Zeitalter vor allem darin, dass die Gesellschaft offensichtlich in sich widersprüchlich, unvollständig und unerlöst erscheint, sobald man so hinsieht und nicht anders. Jede Beobachtung ist ungerecht, weil man auch anders beobachten könnte – und muss.

Vielleicht erhitzen sich Debatten gerade deshalb derzeit so sehr an den Fragen, an denen man das Unmittelbare zu retten versucht: die Rechten das Eigene, die Linken die universalistische Unverletzlichkeit, die Kritiker der Sprache die Unmittelbarkeit von Zeichen und Bezeichnetem mit dem Ziel der vollständigen Repräsentation aller Mitgemeintseinkönnenden. Auch die Form der eschatologischen Problembeschreibung zehrt von solcher Unmittelbarkeit. Wo sich im Konkreten das Ganze niemals repräsentieren lässt, vermittelt eine endzeitliche Perspektive aufs Ganze tatsächlich eine integrative Kraft, die alles in sich hineinziehen kann. Dass es dabei um etwas geht, um etwas anderes als unbedeutende Inszenierungen, bleibt dann unsichtbar.

Wäre man Verschwörungstheoretiker, würde man sagen: Das wird extra so inszeniert, damit man die konkreten Fragen nicht stellen muss. Das allerdings wäre selbst eine sehr kindische Vorstellung davon, dass die Heilung der Welt am Ende doch von den Eltern/den Herrschenden/den Mächtigen etc. bewerkstelligt werden könnte, wenn sie denn nur wollten. Kritik hat oft etwas Kindisch-Subalternes.

Werdet wie die Kinder!

Kindisch wird es, wenn die kindliche Unmittelbarkeit von Erwachsenen gepflegt wird, wenn man, wie Huizinga sagt, hinter den eigenen Entwicklungsmöglichkeiten bleibt. Entwicklung ist das Stichwort. Kindliches Verhalten ist, so habe ich es oben formuliert, ein Noch-nicht-Verhalten. Kindliche Selbstbeschreibungen sind daran orientiert, was ihnen schon möglich ist und was noch nicht. Insbesondere der Übergang von der bloßen Rollenübernahme zum abstrakten Regelspiel ist ein Entwicklungsgenerator, aber auch die am Lernen orientierte Lebenslage. Kindliche Entwicklung setzt auf Neuordnung von Synapsen, Bewusstseinsleistungen, Klassifikationen, soziale Beziehungen und Beschreibungen. Die Erfindung der Kindheit in temporalisierten Sozialverhältnissen ist zwar an der Unmittelbarkeit der Gegenwart orientiert, insbesondere am Spiel, aber sie gibt sich nicht mit der Unmittelbarkeit zufrieden. Anders als kindische Erwachsene konnotiert das Kindliche die Rekombination von Möglichkeiten. Das kann man mit Huizinga stark machen, der ebenso lapidar wie radikal auf die Differenz von kindischem Verhalten und anderen Möglichkeiten unserer Kultur verweist. Die Dinge verhalten sich anders, als es auf den ersten Blick erscheint. Sie haben latente Bedingungen, und Zeichen und Bezeichnetes fallen kategorial auseinander. Das sind die Betriebsbedingungen sozial- und kulturwissenschaftlicher Denkungsarten (wenn es gut läuft, was nicht immer vorausgesetzt werden kann). Aber das Potenzial ist da. Damit müsste man spielen, könnte man von Huizinga lernen, und über Huizinga hinaus: *nicht kindisch, aber durchaus kindlich*, etwa im Spiel zu sehen, was passiert, wenn man die Dinge neu ordnet, ohne sie festzuzurren, wie er eben sagt: die Möglichkeiten des Unterscheidungsgebrauchs nutzbar zu machen.

Die kindische Gesellschaft dagegen kennt nur die Unmittelbarkeit – ihr ist letztlich die grundlegende kindliche Fähigkeit fremd: die temporalisierte Entwicklungsfähigkeit. Die kindische Gesellschaft will unterhalten werden, sie ist in ihrer ganzen Uneigentlichkeit vollkommen authentisch. Die eine Benutzeroberfläche trifft auf die andere und ist so gut wie die andere. Das führt einerseits zu jener satten Gegenwartserfahrung, die sich unterhalten lässt, andererseits zu einer kindischen Aufgeregtheit, die eben in der Entwicklungsfähigkeit und öffentlichen Erhitzung mündet, bei der es nur darum geht, die eigenen Vorurteile zu pflegen – denn so sind die Debatten in unseren Kulturkämpfen gebaut. Wer hätte das gedacht, dass es womöglich das Kindliche, das Lernenwollen, das spielerische Ausprobieren ist, das man der kindischen Erregtheit entgegenstellen kann, das zwischen belangloser Unterhaltung und zornesrotem Thymos oszilliert? »Danke, Lino!«

Anmerkungen

1 Armin Nassehi: *Gab es 1968? Eine Spurensuche.* Hamburg 2018, S. 162 ff.

2 Niklas Luhmann: »Die Autopoiesis des Bewusstseins«, in: ders.: *Soziologische Aufklärung, Band 6: Die Soziologie und der Mensch.* Opladen 1995, S. 55–112, hier: S. 57.

3 Johan Huizinga: »Puerilismus«, in: ders.: *Kultur- und zeitkritische Schriften.* München 2019 (zuerst 1935), S. 93.

4 So schon im Montagsblock 89 vom 29. November 2019. https://kursbuch.online/montags block-89/ [zuletzt abgerufen am 27.01.2020].

5 Johan Huizinga: *Homo ludens. Vom Ursprung der Kultur im Spiel.* Reinbek 2009 (zuerst 1939).

6 Johan Huizinga: »Puerilismus«, a. a. O., S. 94.

7 Vgl. dazu George Herbert Mead: *Geist, Identität und Gesellschaft.* Frankfurt am Main 1973.

8 Jean Piaget: *Das Weltbild des Kindes.* München 1988.

9 Vgl. Jürgen Habermas: *Zur Rekonstruktion des Historischen Materialismus,* Frankfurt am Main 1976; ders.: *Theorie des kommunikativen Handelns.* 2 Bände. Frankfurt am Main 1981.

10 Vgl. Achille Mbembe: *Kritik der schwarzen Vernunft.* Berlin 2017.

11 Robert Pfaller: *Erwachsenensprache. Über ihr Verschwinden aus Politik und Kultur.* Frankfurt am Main 2017.

12 Mark Lilla: *The Once and Future Liberal. After Identity Politics.* New York 2017.

13 Vgl. Armin Nassehi: *Das große Nein. Eigendynamik und Tragik gesellschaftlichen Protests.* Hamburg 2020. Erscheint am 15. April.

14 Das Folgende vgl. auch schon im Montagsblock 89 vom 29. November 2019. https://kursbuch. online/montagsblock-89/ [zuletzt abgerufen am 27.01.2020].

Marita Metz-Becker
Warum Kinder getötet werden
Eine kleine Kulturgeschichte des Kindsmords

Als die Kindsmörderin Susanna Margaretha Brandt am 14. Januar 1772 in Frankfurt am Main öffentlich enthauptet wurde, war die Stadt schon seit Monaten in heller Aufruhr. Eine in einem Wirtshaus beschäftigte Dienstmagd war von einem unbekannten holländischen Kaufmann zur Zeit der Messe verführt und geschwängert worden und hatte ihr Neugeborenes unmittelbar nach der Geburt getötet. Der Prozess zog sich über Monate hin und hielt die Bürgerschaft in Atem, allen voran den jungen Juristen Johann Wolfgang Goethe, den das Schicksal der »Brandtin« so berührte, dass er sie in seinem *Faust I* in der Figur des »Gretchens« unsterblich machte.

Auch bei anderen Dichtern, nicht nur der Sturm-und-Drang-Zeit, findet sich das Kindsmordmotiv, wie etwa in Friedrich Schillers Gedicht *Die Kindsmörderin* von 1782, in Heinrich Leopold Wagners Trauerspiel *Die Kindermörderin* aus dem Jahr 1776 oder Gottfried August Bürgers Ballade *Des Pfarrers Tochter von Taubenhain* von 1781.

Die augenfällige Häufung der Kindsmordthematik gegen Ende des 18. Jahrhunderts, nicht nur in der Kriminalstatistik, sondern auch in Kunst, Kultur und Wissenschaft, beschäftigte weite Teile der Bevölkerung und rief die Aufklärer auf den Plan, die einen Diskurs entfachten, in dem Präventionsmaßnahmen erörtert und eine differenzierte Beurteilung der Motive, die zur Tat führten, gefordert wurde. Die Todesstrafe sollte abgeschafft werden und die *Carolina* – ein Gesetzeswerk Kaiser Karls V., das noch Säcken, Pfählen und lebendiges Begraben für Kindsmörderinnen vorsah – nicht mehr länger gelten.

Wie hoch die Kindsmordrate in früheren Jahrhunderten tatsächlich war, lässt sich schwer beurteilen, denn »neben der schwierigen Quellenlage«, so der Kulturhistoriker Richard van Dülmen, liegt das Problem vor allem darin, »dass sich ganz allgemein das öffentliche Verbrechen als Vorstellung und Kriterium zur rechtlichen Beurteilung und Abstrafung überhaupt erst in der Frühen Neuzeit, genauer vom 15. bis 17. Jahrhundert, herausbildete, dass also ein Phänomen wie die Kindstötung durchaus realiter existieren konnte, bevor es begrifflich erfasst und registriert wurde«.[1]

Die öffentliche Diskussion um das Delikt erreichte jedenfalls in der Zeit der Aufklärung ihren Höhepunkt, als der Mannheimer Regierungsrat Ferdinand Adrian von Lamezan (1741–1817) 1780 die mit 100 Dukaten prämierte *Mannheimer Preisfrage* ausschrieb: »Welches sind die besten ausführbarsten Mittel, dem Kindermorde Einhalt zu thun?«[2] Etwa 400 Schriften aus unterschiedlichen Disziplinen wurden eingereicht, wobei auch Vorschläge von namhaften Autoren eingingen, wie etwa dem Pädagogen Johann Heinrich Pestalozzi (1746–1827) oder dem Göttinger Orientalisten Johann David Michaelis (1717–1791). Der nun einsetzende Diskurs bewirkte in der Folgezeit sowohl die Abschaffung der staatlichen Fornikationsstrafen (Geldstrafen für unehelichen Beischlaf) als auch die Aufhebung der Todesstrafe bei Kindsmord. Ferner wurden Schandstrafen, wie die öffentliche Kirchenbuße, der Hurenkarren, Strohkranz oder Pranger für unehelich Schwangere, abgeschafft und auch die Folter zur Erpressung von Geständnissen verboten. Vielmehr setzte man auf Vorbeugung und war bedacht, Kindsmord zu verhüten, etwa durch den Ausbau von Findelhäusern und die Errichtung sogenannter Accouchieranstalten. Hierbei handelte es sich um öffentliche Gebärhäuser, für die man in Anlehnung an ihre französischen Vorläuferinstitute die fremdsprachige Benennung zunächst beibehielt.

Im Accouchierhaus sollte die Möglichkeit der anonymen Geburt Kindstötungen verhindern,[3] das Findelhaus den Ausweg eröffnen, ein nicht gewolltes Neugeborenes dem Staat anzuvertrauen und es unerkannt in einer am Findelhaus angebrachten Drehlade abzulegen.[4]

Die Einrichtungen wollten sowohl die potenzielle Kindsmörderin vor Schande schützen als auch einen Zufluchtsort für in materielle Not geratene ledige Mütter darstellen. Darüber hinaus dienten sie aber auch der Lehre und Forschung, denn hier sollten die Grundsteine zu einer – ganz im Sinne der Aufklärung – wissenschaftlichen Geburtshilfe gelegt werden, die man in den Händen ausgebildeter Mediziner besser aufgehoben glaubte als bei den in der Hausgeburtshilfe tätigen Hebammen. All diese Maßnahmen wurden in zahlreichen Verordnungen festgehalten, wie sie beispielsweise in den »Vorschriften zur Verhütung des Kindermordes« zu finden sind.[5]

Bei näherem Hinsehen entpuppen sich diese in präventiver Absicht erlassenen Gesetze und Vorschriften jedoch auch als Überwachungs- und Disziplinierungsmaßnahmen für Mütter außerhalb einer Ehe. Einer ledigen Schwangeren, der kein Mann zur Seite stand, der nach zeitgenössischem Verständnis ihre in ihrem weiblichen Geschlechtscharakter gründenden, emotionalen und damit irrationalen Handlungsweisen sinnvoll ergänzt hätte, wollte sich der »väterliche Staat« annehmen.[6] Jedoch wurden die Accouchieranstalten kaum aufgesucht. Der Ruf der Institute war in der Bevölkerung massiv geschädigt: Man zog die Frauen dort zu Untersuchungszwecken heran, um angehenden Medizinern den Einsatz von chirurgischem Instrumentarium, wie Geburtszange, Kaiserschnittbistouri oder Dilatationsbesteck zu vermitteln, sodass sich kaum eine Frau freiwillig hier einfand. Die Findelhäuser im 18. Jahrhundert wiederum erfreuten sich derart regen Zuspruchs, dass beispielsweise der Landgraf von Hessen-Kassel bald an die Grenzen der Finanzierbarkeit stieß, was das Kasseler Findelhaus betraf, worauf er es rasch wieder schließen ließ.[7] Auch war es mit dieser Einrichtung offenbar nicht gelungen, Kindsmorde tatsächlich zu verhindern. Ein Reisender notierte 1781 in Kassel: »Ohnbegreiflich aber ist's, daß durch diese so vortreffliche Veranstaltung [gemeint ist das Accouchier- und Findelhaus – Anm. d. Verf.] dem schauererweckenden Kindermord dennoch nicht gänzlich kann vorgebeuget werden. Es ereigneten sich seit dieser Einrichtung schon einige Beyspiele in dem Land, und während meines dortigen Aufenthalts geschahe eines in der Stadt selbst. Himmel! Wie tief muss da ein Mensch gefallen seyn.«[8]

Zumindest wurden Kindsmörderinnen nun nicht mehr hingerichtet, wie die eingangs zitierte Susanna Margaretha Brandt, da man der Gebärenden, wenn die Tat unmittelbar unter der Geburt geschah und nicht erst Tage später, die besonderen Umstände zugutehielt, die eine Geburt mit sich brachte. Diese, so meinten die Philanthropen, trübe durch Angst und Schmerz den klaren Verstand, sodass die Täterin kurze Zeit nicht bei Sinnen sei und ihr daher kein Mord unterstellt werden könne. Anders verhielt es sich jedoch, wenn die ledige Schwangere in einem von den Aufklärern befürworteten Accouchierhaus niedergekommen war, wie die folgenden Beispiele zeigen.[9]

Der Fall Anna Katharina Sert

Am 12.10.1823 wurde Anna Katharina Sert wegen Verwandtenmordes vom Obergericht Kassel zum »Tode mit dem Schwerdte« verurteilt.[10] Die zweite Instanz bestätigte das Urteil, aber wegen des sehr schlechten Gesundheitszustandes der Delinquentin änderte sie »die Todesstrafe im Wege der Gnade in lebenswärige Einsperrung«.[11] Die ledige Tagelöhnertochter und Dienstmagd Anna Katharina Sert aus Pfieffe, Amt Melsungen, hatte am 10.02.1823 in der Göttinger Accouchieranstalt einen Knaben geboren, mit dem sie am 21.02.1823 aus der Anstalt entlassen wurde. Mittel- und obdachlos machte sie sich zu Fuß Richtung Kassel auf, um sich als Säugamme zu verdingen, »weil sie keine Stelle gewusst, wohin sie mit dem Kinde hingesollt«.[12] Auf dem Weg zum *Siechenhof*, wo sie übernachten wollte, erreichte sie einen Wassergraben, »welcher anderthalb Fus hoch mit Wasser angefüllt«[13] war und in dem sie das schlafende Kind ablegte, »dergestalt, daß es der Länge nach, mit dem Kopfe nach der Waldau hin in den Graben zu liegen kam, und vom Wasser bedeckt wurde«.[14] Das Kind ertrank, und sie betete zu Gott, er möge ihr »die Sünde nicht zu hoch anrechnen«. Nach ihrer Verhaftung gestand sie die Tat sogleich, schilderte dem Gericht aber auch ihre verzweifelte Lage, die ausführlich im Verhörprotokoll festgehalten wurde:

Der Vater des Kindes hatte sie schon zu Beginn der Schwangerschaft verlassen, sie selbst verfügte über keine Ressourcen, hatte ihre Arbeitsstelle verloren und fürchtete, mit einem unehelichen Kind keine Stelle als Säugamme oder Dienstmagd mehr zu finden. Da sie niemanden hatte, an den sie sich wenden und den sie um Hilfe bitten konnte, beschloss sie in ihrer ausweglosen Lage, »dem Kinde das Leben zu nehmen«.[15] Der Pflichtverteidiger versuchte, ihre besondere Situation als Strafminderungsgrund anzuführen, das Gericht folgte seiner Argumentation jedoch nicht und verhängte die Todesstrafe bzw. – in der zweiten Instanz – die lebenslange Freiheitsstrafe. Noch keine zwei Monate in Haft, starb sie am 16.01.1825 im Kasseler Zuchthaus – sie war erst 30 Jahre alt.

Der Fall Elisabeth Wunderlich

Auch die Dienstmagd Elisabeth Wunderlich entband im Accouchierhaus. Nachdem sie die Gebäranstalt am 18.12.1860 mit ihrem unehelichen Kind verlassen hatte, versuchte sie, sich allein durchzuschlagen: »Um mein Leben zu fristen, entschloß ich mich, als Amme zu dienen. [...] Mein Kind hatte ich der Ehefrau Bohländer um 5 fl. monatlich in Pflege gegeben.«[16] Da sie aber keine Ammenstelle finden und somit auch das Pflegegeld nicht aufbringen konnte, nahm sie das Kind wieder zu sich und irrte mit ihm bettelnd in der Gegend umher. Ihre Milch blieb aus, sodass sie den Knaben notgedrungen mit Ersatznahrung – zu Brei gekautem Brot – füttern musste. Das Kind quälte sich mit Bauchschmerzen und magerte zusehends ab, bis Elisabeth Wunderlich den Entschluss fasste, sein Leiden durch gänzlichen Nahrungsentzug zu beenden. Zwei Tage später war das Kind tot, und es wurde eine Untersuchung in Gang gesetzt, bei der sie des vorsätzlichen Verwandtenmordes angeklagt und »zur Todesstrafe durch Enthauptung mit dem Schwert«[17] verurteilt wurde. In der Berufungsverhandlung konnte ihr Pflichtverteidiger erreichen, dass man das harte Strafmaß auf 25 Jahre Zuchthaus herabsetzte.

Der Fall Elisabetha Möller

Auch in diesem Fall handelt es sich um Kindstötung im Anschluss an eine Accouchierhausgeburt. Elisabetha Möller hatte am 17.05.1851 im Gießener Gebärhaus entbunden und die Anstalt am 31.05.1851 mit einem gesunden Kind verlassen. Völlig mittellos zog sie zu Fuß in Richtung Hünfeld, wobei sie sich »wohl manchmal unter Angst und Verzweiflung selbst den Tod wünschte«.[18] Plötzlich sei ihr der Gedanke gekommen, führt sie in der Vernehmung aus, »daß sie ihr Kind in das Wasser werfen solle, um dessen elendem Leben ein Ende zu machen. Sie habe nun die Wickelschnur […] gelüftet und das Kind erst etwas auf ihrem Schoose zappeln und dasselbe noch an ihrer Brust trinken lassen […] und habe das Kind ziemlich sanft, ungefähr zwei Schritte vom Ufer weit in den Fluß geworfen, wo sie auch das Kind in dem Wasser gleich habe untergehen sehen. […] Sie habe sich nun nicht mehr umgedreht, sei gleich fort nach dem Walde zugeeilt.«[19]

Die Kinderleiche wurde rasch gefunden und eine Fahndung nach Elisabetha Möller eingeleitet. Sie gestand die Tat im Verhör und wurde im November 1851 des vorsätzlichen Verwandtenmordes für schuldig befunden und zum Tode verurteilt, in der Berufungsverhandlung vom Juni 1852 aber zu lebenslanger Zuchthausstrafe begnadigt.

Angst vor der Accouchieranstalt

Im Staatsarchiv Marburg finden sich zahlreiche Fälle dieser Art,[20] die zeigen, dass die vom aufgeklärten Staat in wohltätiger Absicht eingerichteten Accouchieranstalten das angestrebte Ziel, Kindsmord zu verhüten, nicht erreichten. Die Lage der jungen Mütter war so desolat, dass die Niederkunft im Gebärhaus nur einen Aufschub der Tat zur Folge hatte. Viele Schwangere suchten das schlecht beleumundete Accouchierhaus gar nicht erst auf, aus Angst, ihr Körper könne, falls sie die Geburt nicht überleben sollten, der Anatomie zum Opfer fallen oder sie könnten auf andere Weise dort Schaden nehmen. Der Volkskundler Utz

Jeggle weist ausdrücklich darauf hin, dass die Furcht vor der Anatomie in der Bevölkerung sehr verbreitet war und die Accouchieranstalten daher mit einem Stigma behaftet waren, das den freiwilligen Aufenthalt in diesen Instituten nahezu unmöglich machte.[21] Der schlechte Ruf der Gebärhäuser resultierte – wie bereits angedeutet – ferner daraus, dass die Frauen sich der Lehre zur Verfügung stellen, also mehrmals wöchentlich Untersuchungen männlicher Studierender über sich ergehen lassen mussten und infolgedessen – so die öffentliche Meinung – dort keine Schamgrenzen berücksichtigt wurden. Keine Frau wollte hier freiwillig ihr Kind bekommen, sodass die Gebäranstalten die anvisierte Klientel nicht in dem Umfang erreichten, wie es ihrem ursprünglichen Programm entsprach.

Vor diesem Hintergrund leuchten auch folgende Aussagen unmittelbar ein: Die schwangere Dienstmagd Elisabeth Gunkel, der man geraten hatte, im Gebärhaus niederzukommen, gab zur Antwort, dass sie lieber ins »tiefste Wasser« gehen oder sich »den Hals abschneiden« wolle als eine Accouchieranstalt aufzusuchen.[22] Ebenso Catharina Schmidt, die – mit der Frage konfrontiert, warum sie sich nicht in die Marburger Accouchieranstalt, jenem »sehr heilsamen Institute des Staates« begeben habe – lapidar antwortete, sie habe Angst vor der Anstalt gehabt.[23] Angst vor allem wegen der »dort zur Anwendung kommenden Instrumente und die [...] schmerzlicher Behandlung der Gebärwunden durch so viele ›Kerle‹«.[24] An anderer Stelle gab sie zu Protokoll: »Ich habe die Schwangerschaft Niemanden entdeckt aus Furcht, in das Accouchirhaus von Marburg gebracht zu werden, weil da so viele Doctoren über einen gehen. [...] Es war mir angst vor dieser Anstalt.«[25] Das von ihr heimlich in einer abgelegenen Scheune geborene Kind wurde tot im Heu gefunden und Catharina Schmidt zu 15 Jahren Zuchthaus verurteilt, von denen sie 14 abgesessen hatte, als sie am Abend des 30.04.1851 im Alter von 50 Jahren in der Straf- und Besserungsanstalt zu Kassel verstarb.

Die Sprache der Quellen

Die umfangreichen, oftmals 300, manchmal 500 bis 600 Seiten umfassenden Prozessakten beinhalten unterschiedliches »Material«, wie die Zeugenaussagen, die verschiedenen Aussagen der Beschuldigten über einen oft langen Untersuchungszeitraum hinweg, die Stellungnahmen der Ärzte, Hebammen, Bürgermeister, Arbeitgeber, Pfarrer, Nachbarn, Kollegen und Familienangehörigen, Texte also, die eine Sondierung des Alltags der Betroffenen, ihrer Lebensbedingungen und Gefühlswelt erlauben. Diese Tiefensondierung der Gerichtsakten zu analysieren heißt, die latenten Ordnungen, die gemeinsamen Strukturen aufzuzeigen, die im Verbrechen und im Diskurs, den es nach sich zog, sichtbar werden.[26]

Die untersuchten Kindsmörderinnen waren alle ledig und stammten aus der ländlichen Unterschicht. Zum Teil waren sie selbst unehelich zur Welt gekommen und hatten kein familiäres Netz, das sie auffing. Viele Kindsmörderinnen töteten nicht das erste, sondern erst das zweite oder ein weiteres Kind, da sie nun keinen Ausweg aus ihrem Elend mehr sahen. In einigen Fällen lebten ein oder mehrere uneheliche Kinder zum Zeitpunkt der Tat bei der Mutter oder sie hatte sie in Pflege gegeben, um sich weiter als Magd verdingen zu können. Für alle galt, dass sie sich in jämmerlichen Verhältnissen befanden, als Dienstmädchen oder Tagelöhnerinnen über keine Ressourcen verfügten und das Kind schlicht nicht ernähren konnten. Die Perspektive, dereinst eine eigene Familie zu gründen und mit einer eigenen kleinen Landwirtschaft ein bisschen Besitz zu erlangen, schwand mit einem oder gar mehreren unehelichen Kindern zusehends. Da der Gesindedienst mit der Ehe und eigenen Kindern nicht vereinbar war, finden sich unter den Kindsmörderinnen vornehmlich unverheiratete Dienstmägde. Ihnen drohte bei Bekanntwerden der Schwangerschaft die Entlassung und damit nicht nur der Verlust eigener Einkünfte, die gering genug waren, sondern auch der Verlust des Obdachs und der sozialen Bindungen. Die Beziehung zum Kindsvater war fast immer abgebrochen, noch lange bevor das Kind zur Welt kam. Für einen Fortbestand waren nie Pläne gemacht worden, in keinem der untersuchten Fälle interessierte sich der Vater für das von ihm gezeugte Kind. Meist handelte es sich um flüchtige sexuelle Kontakte und nicht um stabile Paarbeziehungen. Einige Kindsväter hatten die Schwangere zur Tat angestiftet, um sich aus der Affäre zu ziehen, andere behaupteten, nicht der Schwängerer zu sein, und unterstellten der Frau sexuelle Leichtlebigkeit und Kontakte mit weiteren Männern. Dergestalt in die Enge getrieben und auf sich allein gestellt, befanden sich viele neben der materiellen auch in einer psychischen Notlage und sahen keinen Ausweg aus einer Situation, in der ein uneheliches Kind das eigene Überleben gefährdete.

Wie bei der Kindesaussetzung kann auch beim Kindsmord davon ausgegangen werden, dass die liebevolle Bindung an das Kind nicht sehr ausgeprägt war. Die Mütter, auch oft unehelich geboren und in Pflegestellen aufgewachsen, hatten in der Regel selber nichts erfahren, was man »Nestwärme« nennt. Das Kind war kein gewünschtes, bereits angewandte abtreibende Mittel hatten versagt, und die Schwangerschaft war geleugnet und verdrängt worden. Auch dürfte vielen Frauen die Tatsache bekannt gewesen sein, dass die Überlebensfähigkeit der Kinder an den Willen der Erwachsenen geknüpft war. Mangelnde oder falsche Ernährung, Kinderkrankheiten und Unfälle oder auch nur die Entscheidung darüber, ob medizinische Hilfe hinzugezogen wurde oder nicht, waren Phänomene oder – zugespitzt formuliert – landläufige Praktiken des »Himmelnlassens«.[27] Bei der allgemein hohen Säuglingssterblichkeit waren die Eltern mehr oder weniger darauf gefasst, einen Säugling vorzeitig wieder zu verlieren. Das heißt nicht, dass der Tod der Kinder nicht auch von schmerzlichen Gefühlen begleitet worden wäre. Die Aussagen der Frauen lassen weniger Kälte oder Rohheit erkennen als Betroffenheit und Mitleid. Eine zärtliche Beziehung zum Kind und die Inkaufnahme bzw. Herbeiführung seines Todes schlossen einander nicht aus. Hinzu kam meist, dass die beginnende Geburt zu einem Schockerlebnis führte und keine großen Überlegungen mehr angestellt wurden. Auf die verheimlichte Schwangerschaft folgte zwangsläufig die heimliche Geburt, bei der das Kind rasch beiseitegeschafft werden musste, um das

Vorgefallene vor der Umwelt zu verbergen. Konsequenterweise kehrte die Magd unverzüglich an ihren Dienstort zurück bzw. verrichtete ihre Geschäfte weiter, als ob nichts vorgefallen wäre.

Als die Dienstmagd Elisabeth Lind die ersten Wehen verspürte, begab sie sich, um unbeobachtet zu sein, in einen abseits gelegenen Garten, wo sie ein lebendes Kind gebar, das sie auf der Erde nackt und unversorgt liegen ließ.[28] Als das Neugeborene anderntags gefunden wurde, war es bereits erfroren. Auf freiem Feld gebar auch Maria Noll, die im Januar 1830 zu Fuß unterwegs war, um im Nachbarort Garn einzukaufen.[29] Sie ließ den Säugling in einem mit Schnee bedeckten Holzstapel zurück und setzte ihre Einkäufe fort. Gefunden wurde die Kindesleiche erst im März bei einsetzendem Tauwetter.

Es gab viele Möglichkeiten, sich des Neugeborenen zu entledigen. Ob sie es erdrosselten, erschlugen oder einfach unversorgt liegen ließen, allen Kindsmörderinnen gemeinsam ist, dass sie sich nicht auf die Mutterschaft einlassen konnten. Schon während der Schwangerschaft entstand vom ungeborenen Kind »kein Bild, keine Projektion, keine Phantasie über sein Dasein nach seiner Geburt, im Leben seiner Mutter oder der Perspektive einer Familie. Es bleibt so in einer vieldeutigen Unbestimmtheit, einem marginalen Status, dessen Auflösung in der Geburt in die Wirklichkeit eines Kindes bei vielen der Frauen offensichtlich Angst auslöst.«[30] Das heißt nicht, dass die Delinquentinnen keine Trauer oder Schuldgefühle gezeigt hätten, denn sie begriffen ihr Kind durchaus als menschliches Wesen und wünschten zuweilen, nachdem es gefunden worden war, seine Bestattung auf einem Friedhof, »also gemeinsam mit allen Christen in geheiligter Erde«.[31] So führt etwa die Kindsmörderin Wilhelmina Pausch, die ihr Kind heimlich im Keller entbunden und getötet hatte, aus, sie »habe aber damals gleich Reue gefühlt, als sie es in das Wasser gelegt und sich deshalb mit dem Kinde wohl 1 1/2 Stunden in einen neben dem Keller liegenden Stall gesetzt, um zu sehen, ob das bißchen Leben wiederkäme«.[32] Auch die Gänsehirtin Anna Katharina Griesel reute ihre Tat sofort: »Ich faßte, als das Kind von mir ging, dasselbe mit der linken Hand am Halse, und schwappte es an die Erde, ich packte es dabei fest am Halse, um es herauszuziehen, und um es todt zu dämpfen. Ich hoffte, dadurch zu Brot zu kommen und meiner Noth und Armuth abzuhelfen. Als ich nun das Kind todt vom Boden aufhob, dachte ich: ›Ach hättest du es nicht gethan.‹«[33] Auch die mittellose Dienstmagd Catharina Klehm zeigte Reue und Mitleid mit dem Kind, das sie mit ihren eigenen Händen erstickte. In ihrem Geständnis führt sie aus: »Das Kind fiel vor mir auf die Erde. [...] Ich hob es auf, fand die Nabelschnur abgerissen und das Kind vollkommen fertig ausgewachsen und lebendig, ich eilte mich, bevor es schrie, gleich den Mund und die Nase zuzuhalten, damit es die Leute im Hause nicht hörten; auch meine eigenen Geburtsschmerzen verbiß ich in gleicher Absicht. [...] Anfangs fühlte ich, dass es seine Beinchen bewegte, auch mit den Ärmchen zuckte und etwas nach Luft schluckte. [...] Nach und nach spürte ich, daß das Kind ruhiger und endlich ganz ruhig wurde.«[34] Den im Garten unter einer Hecke versteckten Säugling besuchte sie daraufhin täglich: »Freitag ging ich des morgens gegen neun Uhr in den Garten, um nach dem Kinde zu sehen. Es lag da noch auf dem nämlichen Platze. [...] Das Kind ließ mir keine Ruhe, es that mir sehr leid, daß ich es so um das Leben gebracht hatte und ich ging des anderen Tages/Samstag/ wieder hin, um es zu besuchen. [...] Es war ein schönes, großes, dickes Kind.«[35]

Die Beispiele belegen, dass die Frauen ihr Neugeborenes durchaus als *Kind* wahrnahmen – und nicht nur als einen »Kotabgang« – und Reue und Trauer darüber empfanden, dass es in dieser Welt keinen Platz hatte.[36]

Die ausgewerteten Fälle zeigen eine große Bandbreite auf: Die totale Verdrängung und relativ emotionslose Tötung des Kindes wie auch die aus der Ausweglosigkeit gewachsene Verleugnung, mit der viele »Tränen« einhergingen: »Ach hättest du es nicht gethan.«[37] Allen gemeinsam aber war, dass kein soziales Netz sie auffing. Alle sahen sich außerstande – und waren es objektiv –, dieses zusätzliche Kind zu ernähren, zu kleiden und aufzuziehen. Keine dieser Frauen hatte ein Elternhaus im Hintergrund, das ihr das Kind abgenommen hätte, damit sie wieder in

Stellung gehen konnte. Keine hatte einen Kindsvater, der sich zum Kind bekannte und zu seinem Unterhalt beitragen wollte. Kein Pfarrer hatte von der öffentlichen Zurschaustellung der Kirchenbuße absehen wollen und Hilfen in Aussicht gestellt, wenn sie sich ihm anvertraute. Kein Dienstherr hatte das Angebot gemacht, von der Kündigung abzusehen und sie auch als Schwangere zu behalten, damit sie ein Dach über dem Kopf und einen Platz für ihre Niederkunft hatte. Fast alle Frauen, die ihr Kind töteten, hatten bereits Kinder geboren und eine Vorstellung davon, was es bedeutete, sie gegen all diese Widerstände auf sich allein gestellt aufzuziehen. Vom niedrigen Mägdelohn musste dann noch Kostgeld für eines oder gar mehrere Kinder abgezweigt werden; bis 1824 waren noch dazu die staatlichen Fornikationsstrafen zu zahlen, die die Frauen empfindlich trafen, da sie in der Regel ihren Jahresverdienst überschritten.

In erster Linie wurden Frauen also durch materielle Not zur Tat gedrängt, aber auch durch die Angst vor öffentlicher Schande und Diskriminierung. Das Eingeständnis der Schwangerschaft bedeutete sowohl den Verlust des Arbeitsplatzes mit der zu erwartenden Armut und Obdachlosigkeit als auch Ehrverlust, Demütigung und Schande in den Augen der Gesellschaft. Sie verbargen ihren Bauch und verschwiegen ihren Zustand bis zum Schluss, um nicht ins Gerede zu kommen. So äußerte Gertrud Eimer vor Gericht, sie habe »namentlich ihre Mutter nicht betrüben wollen« und deshalb heimlich geboren und ihr Kind in einen Fluss geworfen.[38] Scham und die Angst, »der Herrschaft Verdruß zuzufügen«, bewegte Katharina Keßler dazu, ihr Neugeborenes in einem Kleiderkasten zu verstecken, wo es erstickte.[39] Die Hoffnung, ihr Kind werde tot geboren, hegte Maria Noll, die bereits zwei uneheliche Kinder bei ihrem Vater untergebracht hatte, der »ein äußerst strenger Mann war und gegen mich manchen Vorwurf und Fluch ausgestoßen hat«.[40] Wie das Gericht feststellte, »nährte sie sich und ihre Kinder – da sie wegen derselben zuhause bleiben musste – kümmerlich und war nur mit der größten Mühe im stande, sich und die Ihrigen zu erhalten, da es ihnen an Unterstützung und einer gehörigen Unterkunft fehlte«.[41] Die Kindsmörderin Elisabeth Flohr bringt die Verstrickung, in der die Frauen sich befanden, auf den Punkt: Sie habe weder gewusst,»wohin mit dem Kind«, noch habe sie es ernähren können, auch habe sie»Angst vor ihrem strengen Stiefvater gehabt« und »sich geschämt«.[42]

Kindsmord und soziale Not

Für das ausgehende 18. und die erste Hälfte des 19. Jahrhunderts machen die permanenten Hungerkrisen in Deutschland[43] und die zunehmende Pauperisierung der Bevölkerung die wirtschaftliche Begründung des Kindsmords plausibel.[44] Fehlende Industrie und unentwickeltes Gewerbe bei gleichzeitigem Bevölkerungswachstum ließen die Menschen immer weiter verarmen, sodass eine Auswanderungsbewegung von bis dahin nicht gekanntem Ausmaß einsetzte.[45] Einige der Kindsväter aus den oben zitierten Akten konnten schon deshalb nicht zu Alimentenzahlungen herangezogen werden, weil sie nach Amerika ausgewandert waren. Auch mehrere ledige Mütter wanderten aus – mit ihren Kindern. Die Gemeinden zahlten ihren Ortsarmen die Überfahrt, weil dies billiger war, als auf Dauer für deren Unterhalt zu sorgen. »Eltern und Stiefeltern«, so Inge Auerbach, »verhielten sich ähnlich wie die Gemeinden. Hänsel und Gretel ist nicht nur ein hessisches Märchen. 13jährige hielt selbst die Verwaltung für Erwachsene und erteilte ihnen ohne Kommentar die Genehmigung zur Ausreise.«[46]

Die Lage der Kindsmörderinnen ist vor dem Hintergrund dieses geringen ökonomischen Spielraums zu interpretieren. Eine eigene Existenzgründung wurde für die Gruppe des Gesindes mit fortschreitenden Pauperisierungsprozessen immer schwieriger. In fast allen Fällen war die Suche nach neuen Existenzformen mit sozialem Abstieg verbunden. Mehrere Erwerbsmöglichkeiten mussten kombiniert werden, die ganze Familie, einschließlich Kindern, zur Unterhaltsbeschaffung beitragen. Das Lebensgefüge der unterbäuerlichen Schichten war mehr als labil, denn eine Missernte, Hungersnot oder Krankheit eines Familienangehörigen konnten die Überlebenskonstruktion zu Fall bringen.[47] Ein un-eheliches Kind zu bekommen, war für viele Frauen eine solche Tragik, dass sie nur in dessen Tötung einen Ausweg sahen. Falls die Tat nicht bemerkt wurde – und es kann davon ausgegangen werden, dass un-zählige Kindsmorde nicht ans Tageslicht kamen[48] –, konnte die Dienst-magd ihr bisheriges Leben fortsetzen und das mühsam aufgebaute fragile Gleichgewicht aufrechterhalten.

Mit der Industrialisierung und dem Wirtschaftsaufschwung der Grün-derzeit im ausgehenden 19. und beginnenden 20. Jahrhundert nahmen die Kindstötungen rapide ab, was ein weiterer Beleg dafür ist, dass das Delikt unmittelbar mit der Armut korrelierte, der sich die unterbäuer-lichen Schichten des 19. Jahrhunderts in ganz besonders hohem Maße ausgesetzt sahen.

Umso erstaunlicher ist es, dass Kindstötungen auch im 21. Jahrhun-dert noch vorkommen, wie spektakuläre Fälle in jüngerer und jüngster Zeit deutlich machen. Die Tötung von Neugeborenen durch ihre Mütter unmittelbar bzw. kurz nach der Geburt wird heute unter dem Begriff Neonatizid gefasst, und es stellt sich die Frage, wie es sein kann, dass das Umfeld der Betroffenen von den Schwangerschaften offenbar nichts wusste und warum die Mütter keine Alternative zur Tötung ihres Kin-des sahen.

Neonatizid im 21. Jahrhundert

Eine in Handtücher eingewickelte Babyleiche am Stadtrand von Rema-gen,[49] eine andere auf einer Müllsortierungsanlage in Passau[50] oder in einer Papiertonne im ostbrandenburgischen Manschow[51] – Nachrich-ten dieser Art lösen heutzutage eine große allgemeine Betroffenheit in der Bevölkerung aus. Die Tötung eines hilfsbedürftigen und schutzlosen Neugeborenen durch die eigene Mutter scheint heute unbegreiflich und stößt auf vehemente Ablehnung. Wie im 19. Jahrhundert beschäf-tigt sich die Politik gegenwärtig vor allem mit der Frage nach Präventionsmöglichkeiten, wie in lauten kontroversen Diskussionen deutlich wird.

Die wissenschaftliche Forschung befasst sich derzeit nur am Rande mit dem Phänomen, was daran liegen mag, dass es im Gegensatz zu dem großen medialen Echo zahlenmäßig bei etwa 30 Fällen pro Jahr eher eine untergeordnete Rolle spielt. In Deutschland gibt es keine offizielle Statistik, die Kindstötungen dokumentiert. Lediglich terre des hommes veröffentlicht regelmäßig Zahlen zu Tötungen und Lebendaussetzungen von Neugeboren anhand von Medienauswertungen.[52]

Der Begriff Neonatizid fasst die Tötung eines Kindes in den ersten 24 Stunden nach seiner Geburt. Die bisherigen Untersuchungen zeigen, dass die vorangegangene Schwangerschaft fast immer geleugnet und mit hohem Energieaufwand psychisch verdrängt wurde, da die Mutter das Kind vehement ablehnte. Die Täterinnen waren überwiegend Adoleszente oder junge Erwachsene, aber auch erfahrenere Mütter zählten dazu. Hinsichtlich der sozialen Stellung konnte keine Gruppe ausgemacht werden, die beim Neonatizid hervortrat; das Delikt zieht sich durch alle Gesellschaftsschichten der Moderne.[53]

Es gibt in der Bundesrepublik zahlreiche Hilfsangebote für werdende Mütter, für die die Schwangerschaft eine Konfliktsituation darstellt. Anders als im 19. Jahrhundert besteht neben dem legalen Schwangerschaftsabbruch die Möglichkeit, das Neugeborene in einer Adoptiv- oder Pflegefamilie unterzubringen oder weitere Hilfsangebote in Anspruch zu nehmen, die es ermöglichen, das Kind zu behalten und aufzuziehen. Warum kommt es trotzdem zu der seit Jahren konstant bleibenden (wenn auch nicht hohen) Kindsmordrate und was sind die Motive? Warum finden sich in einer blühenden Industrienation wie Deutschland Babyleichen in Müllcontainern, Plastiktüten, Kühltruhen, Blumentöpfen? Die Rechtsprechung bewertet Neonatizid als Totschlag, der ein Strafmaß von fünf bis 15 Jahren vorsieht. Untersuchungen zeigen jedoch, dass in etwa die Hälfte der abgeurteilten Fälle als minder schwere Fälle galten und mit Freiheitsstrafen von bis zu zwei Jahren geahndet wurden.

Babyklappe und anonyme Geburt als präventive Maßnahmen

Wie schon zur Zeit der Aufklärung werden auch gegenwärtig Präventionsmaßnahmen diskutiert, die die Kindstötung verhindern sollen. So ermöglichen Babyklappen oder auch Babykörbchen das anonyme Ablegen von Neugeborenen, deren Mütter sich aus egal welchen Gründen nicht imstande sehen, sie zu behalten. Die erste Babyklappe wurde im Jahr 2000 in Hamburg eingerichtet, bundesweit gibt es mittlerweile circa 100 Babyklappen, in denen im Jahr 2007 beispielsweise 143 Kinder abgelegt wurden.[54] Wie im aufgeklärten Staat des 18. Jahrhunderts wird auch heute wieder diskutiert, ob Babyklappen dazu geeignet seien, Kindstötungen zu verhindern. Der Deutsche Ethikrat sprach sich unlängst dafür aus, Babyklappen aufzugeben, da das Recht eines Menschen auf die Kenntnis seiner Herkunft damit unterlaufen werde. Auch seien sie kein geeignetes Mittel, Kindstötungen zu verhindern, denn die jährliche Opferzahl bleibe trotz Babyklappen relativ konstant.[55] Es entfachte sich eine sehr kontroverse Debatte, bei der die damalige Ratsvorsitzende der Evangelischen Kirche in Deutschland, Margot Käßmann, ankündigte, dass die Landeskirche Hannover, die als einzige Kirche selber eine Babyklappe betreibt, weiterhin an dem Hilfsangebot festhalten wolle. Das Angebot der anonymen Kindesabgabe, so Käßmann, sei Teil eines umfassenden Netzwerks der Kirche, das in den vergangenen Jahren Dutzenden schwangeren Frauen in Not geholfen habe. Würden Babyklappen und die Möglichkeit der anonymen Geburt abgeschafft, bliebe ein Kreis nicht erreichbarer Hilfsbedürftiger zurück.

Während in Frankreich schon seit 1793 die Möglichkeit zur anonymen Geburt besteht und es auch in Österreich, Luxemburg, Italien und Spanien ein gesetzlich geregeltes Recht darauf gibt, fehlt dieses bislang in der Bundesrepublik. Kranken- und Geburtshäuser, die anonyme Entbindungen durchführen, bewegen sich in einer juristischen Grauzone. Auch über die Anzahl der anonym geborenen Kinder gibt es keine exakten Zahlen, da sich viele Kliniken nicht dazu äußern möchten. Vorsichtige Schätzungen gehen für den Zeitraum von 2000 bis 2004 von circa 300 bis 400 in Deutschland stattgefundenen anonymen Geburten aus.[56]

Kritiker dieser Hilfsangebote befürchten wegen der fehlenden gesetzlichen Grundlage, dass illegalem Kinderhandel hierdurch Tür und Tor geöffnet werden könne, auch seien psychische Folgen für die betroffenen Kinder und Mütter zu befürchten.

Diese Folgen tragen die Mütter allerdings auch, wenn sie ihr Kind töten. Es bleibt ein Dilemma, dass die Gesetzeslage nicht eindeutig ist und dass vor allem wissenschaftliche Untersuchungen fehlen, die Aufschlüsse über die Tatmotive geben könnten. Vor allem fehlt es an qualitativen Studien zum Delikt der Kindstötung im Deutschland des 21. Jahrhunderts, die auch die Situation der betroffenen Frauen, ihre Motive, Denk- und Handlungsweisen mit berücksichtigten. Täterinnenanalysen unter Einbeziehung des sozialen Umfeldes könnten Präventionsmaßnahmen befördern, die auch tatsächlich greifen und nicht im Dickicht einer Für-und-Wider-Diskussion untergehen.

Epilog

Die verbreitete Alltagspraxis des Kindsmords mag gerade in der Durchsetzungsphase der modernen bürgerlichen Gesellschaft in Deutschland im ausgehenden 18. und der ersten Hälfte des 19. Jahrhunderts so pointiert hervorgetreten sein als Antwort einer Unterschichtenkultur auf die Paradoxien soziokultureller und politischer Entwicklungen. Die aufklärerischen Bestrebungen, Kindsmord zu verhüten, konnten insbesondere in Bezug auf die neu gegründeten Accouchieranstalten keine Erfolge zeitigen. Der eingangs vorgestellte Typus der Kindsmörderin, die im Anschluss an einen Aufenthalt im Accouchierinstitut ihr Kind noch tötet, zeigt ganz besonders die prekäre Lage nicht verheirateter Mütter und die Unzulänglichkeit einer Armenpolitik, hier unterstützend einzugreifen. Die Accouchieranstalt sollte dem Kindsmord vorbeugen, zögerte ihn aber nur ein paar Wochen hinaus mit der fatalen Konsequenz für die Frauen, dass sie nun keine mildernden Umstände mehr geltend machen konnten und als Verwandtenmörderinnen eine wesentlich härtere Bestrafung hinnehmen mussten. Den Juristen des frühen 19. Jahrhunderts schien gerade diese Art der Kindstötung grundsätzlich als Indiz für fehlende Mutterliebe, die doch getreu dem Rousseau'schen Ideal natürlicherweise hätte da sein müssen und die nur von besonders rohen und verkommenen Frauen nicht empfunden würde. Soziale Not erkannten die Richter nicht als zwingendes Motiv an, indem sie sich immer darauf beriefen, dass andere Mütter in ähnlicher Lage ihr Schicksal auch alleine gemeistert hätten, ohne ihr Kind zu töten. In diesem Zusammenhang war die Rolle der Accouchieranstalten ganz besonders unheilvoll. Dem Auftrag des aufgeklärten Staates, verhütend und vorbeugend zu wirken, konnten sie, so wie sie angelegt waren, nicht nachkommen. Auch das Kasseler Experiment, dem Institut ein Findelhaus anzuschließen, hatte sich als nicht finanzierbar erwiesen und war gescheitert. Die Betonung der Mutterliebe und der Familienerziehung als Problemlösung war vor dem Hintergrund der sozialen Situation der betroffenen Frauen aus unterbäuerlicher Schicht in den Wind gesprochen. Es blieb einzig und allein der Anspruch auf Armenversorgung, die die unwilligen Kommunen zu leisten hatten, die dieser Pflicht aber nur ungern nachkamen und ihre Dorfarmen lieber nach Amerika schickten. Die Wirkung der eingangs zitierten Debatte um die Mannheimer Preisfrage war insgesamt gesehen relativ bescheiden. Otto Ulbricht kommt nach seiner detaillierten Untersuchung zu folgendem Schluss: »Der so gut wie völligen Realisierung der Forderung nach Abschaffung der Kirchenbuße steht das vollkommene Scheitern des Aufbaus eines Systems von Findelhäusern auf dem Gebiet des späteren Deutschen Reichs gegenüber; bei den staatlichen Unzuchtsstrafen sind begrenzte Einbrüche und Modifikationen zu registrieren, bei den Entbindungshäusern dagegen ein Auseinanderklaffen von Idee und Realisierung.«[57]

In der Folgezeit ging das Delikt des Kindsmords stark zurück, da die gesellschaftlichen Verhältnisse sich massiv veränderten. Mit der fortschreitenden Industrialisierung der Gründerzeit, der Arbeiterbewegung und der proletarischen Frauenbewegung wurden politische Forderungen nach Mutterschutzmaßnahmen, Geburtenkontrolle und Empfängnisverhütung laut; auch bildete sich eine Arbeiterkultur mit Solidaritäts- und Familienwerten heraus, sodass uneheliche Mutterschaft und damit verbundene Kindstötungen seltener vorkamen. Gesellschaftlich gesehen war uneheliche Mutterschaft zwar immer noch ein Makel, aber kein ausreichendes Motiv, ein Kind zu töten.

Auch für die Gegenwart kann das Motiv der materiellen Not ebenso ausgeschlossen werden wie moralische Bedenken. Warum heute dennoch Neugeborene getötet werden, ist bislang nicht hinlänglich untersucht. Neben Täterinnenanalysen wären auch Vergleiche mit unseren europäischen Nachbarländern aufschlussreich, in denen Mutterschaft anders konnotiert ist und präventive Maßnahmen, wie die anonyme Geburt, schon vor Jahren eingeführt und auch gesetzlich verankert wurden.

Anmerkungen

1 Richard van Dülmen: *Frauen vor Gericht. Kindsmord in der Frühen Neuzeit.* Frankfurt am Main 1991, S. 8.

2 Ferdinand Adrian von Lamezan:»Preisfrage«, in: *Rheinische Beiträge zur Gelehrsamkeit*, 1780/II, S. 84–87.

3 Vgl.: Jürgen Schlumbohm: *Verbotene Liebe, verborgene Kinder. Das geheime Buch des Göttinger Geburtshospitals 1794–1857.* Göttingen 2018.

4 Vgl.: Marita Metz-Becker: *Der verwaltete Körper. Die Medikalisierung schwangerer Frauen in den Gebärhäusern des frühen 19. Jahrhunderts.* New York, Frankfurt am Main 1997.

5 Vgl.: Hessen-Kasselische Verordnungen vom 22.06.1787, 02.08.1815 und 30.04.1828, in: *Neue Sammlung der Landesordnungen*, Bd. 4, S. 68; *Sammlung von Gesetzen*, Bd. 1, S. 129 und ebd., Bd. 5, S. 19/20.

6 Vgl.: Karin Hausen:»Die Polarisierung der ›Geschlechtscharaktere‹ – Eine Spiegelung der Dissoziation von Erwerbs- und Familienleben«, in: Werner Conze (Hrsg.): *Sozialgeschichte der Familie in der Neuzeit Europas.* Stuttgart 1976, S. 363–393, hier S. 377–378.

7 Vgl.: Christina Vanja:»Institutionen aufgeklärter Wohlfahrt und mittelalterlicher Karitas« in: Heide Wunder, Christina Vanja, Karl-Hermann Wegner (Hrsg.): *Kassel im 18. Jahrhundert. Residenz und Stadt.* Kassel 2000, S. 104–142, hier S. 122.

8 Zitiert nach ebd., S. 124.

9 Vgl.: Marita Metz-Becker: *Gretchentragödien. Kindsmörderinnen im 19. Jahrhundert (1770–1870)*. Sulzbach am Taunus 2016.

10 Hessisches Staatsarchiv Marburg, StAM, 261, 1822–1836, S. 24.

11 Ebd.

12 Ebd.

13 Ebd.

14 Ebd.

15 Ebd.

16 StAM, 268 Hanau, 296, S. 115.

17 Ebd., S. 415.

18 StAM, 268 Fulda, 95, S. 32–33.

19 Ebd.: S. 34–35.

20 Vgl.: Marita Metz-Becker: *Der verwaltete Körper*, a. a. O., S. 287–303.

21 Vgl.: Utz Jeggle: *Der Kopf des Körpers. Eine volkskundliche Anatomie*. Weinheim, Berlin 1986, S. 14.

22 StAM, 268 Kassel, 16, S. 160.

23 StAM, 261, 1837–48, S. 360.

24 Ebd.

25 Ebd.

26 Regina Schulte: *Das Dorf im Verhör. Brandstifter, Kindsmörderinnen und Wilderer vor den Schranken des bürgerlichen Gerichts, Oberbayern 1848–1910*. Reinbek 1989, S. 25–28.

27 Ebd., S. 164.

28 StAM, 268 Fritzlar, 16, S. 1858–1859

29 StAM, 261, 1822–1836, N 37.

30 Regina Schulte: »Kindsmörderinnen auf dem Lande«, in: Hans Medik, David Sabean (Hrsg.): *Emotionen und materielle Interessen*. Göttingen 1984, S. 113–142, hier S. 129.

31 Otto Ulbricht: *Kindsmord und Aufklärung in Deutschland*. München 1990, S. 157.

32 StAM, 268 Marburg, 59, 1856–1857, 1870.

33 StAM, 261, 1822–1836, G 89.

34 StAM, 268 Hanau, 185.

35 Ebd.

36 Regina Schulte: »Kindsmörderinnen auf dem Lande«, a. a. O., S. 128–129.

37 StAM, 261, 1822–1836, G 89.

38 StAM, 261, 1822–1836, E 75.

39 StAM, 268 Marburg, 41, 1851, 1861.

40 StAM, 261, 1822–1836, N 37.

41 Ebd.

42 StAM, 268 Marburg, 12, 1853.

43 Silke Göttsch: »Hungerunruhen. Veränderungen im traditionellen Protestverhalten«, in: *Zeitschrift für Volkskunde* 80 (1984), S. 170–182.

44 Vgl.: Wilhelm Abel: *Massenarmut und Hungerkrisen im vorindustriellen Deutschland*. Göttingen 1972, S. 54–58, sowie Georg Büchner: *Der hessische Landbote*. Darmstadt 1834.

45 Vgl.: Peter Assion: *Von Hessen in die Neue Welt. Eine Sozial- und Kulturgeschichte der hessischen Amerika-Auswanderung mit Text- und Bilddokumenten.* Frankfurt am Main 1987, S. 31–46, sowie Inge Auerbach:»Auswanderung aus Kurhessen 1832–1866«, in: *Hessische Blätter für Volks- und Kulturforschung,* Neue Folge 17 (1985), S. 19–50.

46 Inge Auerbach:»Auswanderung aus Kurhessen 1832–1866«, in: *Hessische Blätter für Volks- und Kulturforschung,* Neue Folge 17 (1985), S. 19–50, hier S. 28.

47 Barbara Greve:»›Den Nothstand im Kurstaate betreffend‹. Ein Beitrag zum Armutsproblem der unterbäuerlichen Schichten in der ersten Hälfte des 19. Jahrhunderts«, in: *Hessische Heimat* 38 (1988), S. 99–105, hier S. 100.

48 Vgl.: Wilhelm Wächtershäuser: *Das Verbrechen des Kindsmordes im Zeitalter der Aufklärung* (Quellen und Forschungen zur Strafrechtsgeschichte, hrsg. von Ekkehard Kaufmann und Heinz Holzhauer, Band III). Berlin 1973, S. 110: Er geht davon aus,»daß die Zahl der zur Verhandlung gekommenen Fälle nur die Spitze des bekannten Eisbergs darstellt«.

49 Ddp:»Mutter gesteht Säuglingsmord«, in: *Focus online* vom 07.10.2006. https://www.focus.de/panorama/welt/remagen_aid_116987.html [zuletzt abgerufen am 15.01.2020].

50 AFP:»Müllsortiererin findet Babyleiche im Biomüll«, in: *Tagesspiegel online* vom 02.10.2006. https://www.tagesspiegel.de/gesellschaft/panorama/passau-muellsortiererin-findet-babyleiche-im-biomuell/758662.html [zuletzt abgerufen am 15.01.2020].

51 Ddp:»19-Jährige soll ihr Baby getötet haben«, in: *Tagesspiegel online* vom 17.05.2006. https://www.tagesspiegel.de/themen/brandenburg/19-jaehrige-soll-ihr-baby-getoetet-haben/711756.html [zuletzt abgerufen am 15.01.2020].

52 Terre des hommes:»Tot bzw. ausgesetzt-lebend aufgefundene Neugeborene in Deutschland 2006 bis 2018«. https://www.tdh.de/was-wir-tun/themen-a-z/babyklappe-und-anonyme-geburt/zahlen-und-fakten/ [zuletzt abgerufen am 15.01.2020].

53 Vgl.: Theresia Höynck et al. (Hrsg.): *Neonatizid. Expertise im Rahmen des Projekts »Anonyme Geburt und Babyklappen in Deutschland – Fallzahlen, Angebote, Kontexte«.* Erstellt von Prof. Dr. Theresia Höynck, Universität Kassel. Ulrike Zähringer, Kriminologisches Forschungsinstitut Niedersachsen. Mira Behnsen, Deutsches Jugendinstitut e. V. Abteilung Familie und Familienpolitik, München 2012.

54 Nadine Bozankaya: *Neonatizid – Die rechtliche Reaktion auf die Tötung Neugeborener. Eine strafrechtliche Untersuchung anhand von Aktenanalysen.* Berlin 2010, S. 138, vgl. auch Christiane Biersack: *Babyklappen und anonyme Geburten. Die soziale Situation von Findelkindern und abgebenden Müttern.* Saarbrücken 2008 sowie Christine Swientek: *Die Wiederentdeckung der Schande. Babyklappen und anonyme Geburt.* Freiburg 2001.

55 Vgl.: Deutscher Ethikrat (Hrsg.): *Das Problem der anonymen Kindesabgabe. Stellungnahme.* Berlin 2009, sowie Mirjam-Beate Singer: *Babyklappen und anonyme Geburt. Verhindern Angebote anonymer Kindesabgabe Kindestötungen und -aussetzungen? Eine quantitative Untersuchung.* Berlin 2008.

56 Sonja Kuhn: *Babyklappen und anonyme Geburt. Sozialregulationen und sozialpädagogischer Handlungsbedarf.* Augsburg 2005, S. 345, vgl. auch Nils Dellert: *Die anonyme Kindesabgabe. Anonyme Geburt und Babyklappe.* Frankfurt am Main 2009.

57 Otto Ulbricht: *Kindsmord und Aufklärung in Deutschland,* a. a. O., S. 328.

FLXX
Schlussleuchten
von und mit
Peter Felixberger

Neulich habe ich mich in meine Kindheit zurückgebeamt. Rollschuh-laufen. Wettrennen um die Reihenhäuserzeilen, Kindergeschrei, holpriger Asphalt. Ich liege in Führung, leicht zur Seite gebeugt, meine Rollschuhe ziehen in die letzte Linkskurve. Selbstbewusst surren die linken Rollen, sie geben Halt, der linke Arm angewinkelt, die Bewegung wie auf Schienen. Doch rechts fängt es plötzlich an zu wackeln. Ein kleiner Stein hat die vordere rechte Rolle aufgebockt, die langsam wie ein Transportflugzeug abzuheben beginnt. Der rechte Arm reißt nach oben, wie beim Torschrei. Links und rechts zerren aneinander, immer mehr in ihre jeweilige Richtung. Ich blicke, immer noch in Führung liegend, nach unten. Wie von unsichtbarer Hand rasen der linke und rechte Rollschuh plötzlich aufeinander zu, treffen sich kurz und hart, bevor sie sich querstellen, eine Spur in den Teer ritzen. Mein Sturz war tagelang Gesprächsthema in der Siedlung.

Meine Eltern haben sich mit meinen Unfällen und daraus resultierenden Verletzungen eher nur prüfend beschäftigt. Vom Baum gefallen: Nasenbeinbruch. Im Dorfweiher knapp nicht abgesoffen: Trauma vor Gewässern. Am Baggerweiher in eine dicke Glasscherbe getreten: Klaffende Wunde. Wenn Kinder sich um sich selbst kümmern. Ich surfe weiter durch meine Kindheit. Oranges Bonanzarad, untergehende Sonne,

Kräftemessen mit anderen Jungs auf dem Bolzplatz, die Schreie der Mütter aus den Häusern: Heimkommen, aber dalli! Badewanne. Abschrubben. Butterbrot mit Radieschen. Mutter lächelt aus der Küche. Vater schaut nach, ob wir schon schlafen.

Ich reise schnell auf einer Drohne in die Gegenwart. Eine deutsche Großstadt, Spielplatz in einem Park. Mütter haben ihre Kinder im Visier. Nur nicht fallen. Nur nicht andere verhauen. Nur nicht schreien. Ein kleines Kind schubst ein anderes. Die Mütter türmen sich dahinter auf, palavern stellvertretend, zuerst Verständigung, dann Missverständnisse. Schon sind sie weg, ihre Kinder im Schlepptau. Zuhause. Der Vater ist nicht da. Start-up-Mustang irgendwo und nirgendwo. Am Wochenende geht er mit seiner Tochter auf den Spielplatz, schubst sie beim Schaukeln an, während er am Handy neue E-Mails checkt. Hin und wieder wundert er sich, was das Kind schon alles kann. Klettergerüst, Hängebrücke, Ringe, es bewegt sich leichtfüßig. Kein Hindernis ist ihm zu schwer. Oft schaut er seine Tochter an, als ob er sie eben kennengelernt hat. Beim Personalcoach hat er kürzlich fallen lassen, dass er sich eigentlich mehr kümmern müsse, sonst bekomme er zu wenig von ihr mit. Die Selbstzweifel seien normal, antwortet der Coach. Einfach die Zeitfenster mit der Tochter intensiver verbringen! Die Mutter hat sich mit Projekt Kind verselbständigt. Musikstunde, Turnstunde, englischer Sprachunterricht, Töpfer- und Malkurse. Nach der Kita sind die Tage vollgepackt. Von dem Kind existieren mittlerweile mehr Fotos als von ihren Eltern das ganze Leben hinweg. Jede neue Facette und Bewegung wird festgehalten. Eine ganze Bibliothek, grenzenlos, bedenkenlos, schamlos. Der Alltag wird zum Wettbewerb. Kleine Demütigung, wenn es sich nicht traut, im Kinderturnen die schräg gestellte Bank hochzulaufen. Kleine Trauer, wenn es in der Kita am Morgen erst einmal allein herumsteht. Kleine Eifersucht, wenn das Kind der besten Freundin schon erste englische Sätze bilden kann.

Ich will ehrlich sein, ich habe einen eingeschränkten Blick auf Kinder. Selbst habe ich zwei Kinder, zwei Enkelkinder. Innige Liebe, räumliche Distanz. Autonomie, hohe Freiheitsgrade und Selbstwirksamkeit sind noch immer meine fest getackerten Erfüllungskategorien von gelingender Kindheit. Wer mehr davon hat und erleben darf, blickt später eher auf eine erfüllte zurück. Ich glaube so etwas wirklich. Prägung als Babyboomer in einer Siedlung. Alle Kinder purzeln in der Früh um die gleiche Zeit aus den Häusern und Wohnungen. Auf dem Weg in Kindergarten und Schule.

Der französische Historiker Philippe Ariès sagt, dass die Neuzeit den Kindern die Freiheit geraubt und sie zu dressierten Opfern gemacht habe. Opfer? Ein großes Wort. Wenngleich jeder Täter erst einmal ein Opfer braucht. Und ohne Opfer auch keine Täter. Ariès sagt, ganz früher gab es keine Kindheit, weil keiner dafür Zeit hatte. Geburt, ganz kurz Kind, dann sofort »erwachsen«, eingebunden in den gesellschaftlichen Alltag. Erst als Erwachsene begonnen haben, die Kindheit der eigenen Kinder als eigene Zeitzone zu entdecken und mit einem Zuwendungsimperativ zu interpretieren, konnten die Scheinwerfer elterlicher und pädagogischer Sorge auf sie fallen. Jede Regung und Aktion konnten ab jetzt ausgeleuchtet werden. Neue Facetten von Kindheit werden sichtbar.

Je heller und deutlicher sie erscheint, desto weniger Unfälle und Verletzungen passieren. Erstes Gesetz in der Helikoptermythologie. Eltern geben ihren Kindern Bedeutung, die sie vorher nicht hatten. Kindheit wird zum elterlichen Drehbuch, das man den Kindern alleine zu schreiben nicht mehr überlassen kann. Kindheit wird für Eltern zum eigenen sozialen Budenzauber und zur Rocket Science. Kinder sollen sich nicht wehtun und es einmal besser haben.

Paradoxerweise liegt in der Entdeckung von Kindheit als pädagogischer Zurichtungsgefahr der Ausgangspunkt größerer kindlicher Autonomie und Freiheit. Denn sich von den Eltern abzugrenzen oder gar zu befreien, funktioniert erst mit Helikopterüberwachung richtig gut. Abweichung wird erst zur Abweichung, wenn jemand anderes sie definiert. Da hat sich offenbar etwas geändert: In meiner Kindheit wäre man gar nicht darauf gekommen, sich stärker um die elterliche Sorge zu kümmern. Der Nachmittag gehörte uns! Kindheit als Welterkundung ohne elterliche Einmischung. Es war die Zeit, als schwedische Mädchen noch ein »Haus, ein Äffchen und ein Pferd« hatten, genauso wie einen Koffer voller Geldscheine und einen Vater, der ganz weit weg auf den Meeren herumschipperte und nur selten zu Besuch vorbeikam.

Eltern leben heute nicht mehr im Taka-Tuka-Land. Sie haben sich mit einem komplizierten Dilemma herumzuschlagen, nämlich zwischen optimaler Fürsorge und bestmöglicher Selbstorganisation. Einerseits müssen sie als Souverän und Fürsorger über ihre Kinder »herrschen«, gleichzeitig aber müssen sie mit ihnen »kooperieren«, um sie scheibchenweise als Selbstorganisierte in die individuelle Freiheit zu entlassen.

Diese Kolumne irrlichtert bewusst in den Sicherheitskorridoren der letzten Wahrheiten. Allzeit bereit, selbige wie einen Pudding an die Wand zu nageln. Ihr bescheidenes Ziel ist, die Widersprüche und Anomalien im täglichen Leben als die eigentlichen Energiespender zu würdigen, die uns zu wohliger, synthetischer Einsicht und Zufriedenheit führen. So lässt sich der Autor treiben – auf einer Bahnfahrt, auf einem Berg oder nur auf der Toilette sitzend. Scheinbare Gewissheiten lösen sich auf, womögliche Ungewissheiten spannen ihre Muskeln, und spontane Banalitäten kreuzen die Klingen. Diese Kolumne feiert die Ahnungslosen, entlarvt die Bodenlosen und kokettiert mit den Zweifellosen. In der heutigen Folge preisen wir die Kindheit. Sie erhält dieses Mal den FLXX, einen symbolischen Preis, den wir vierteljährlich an Personen, Ideen und Projekte verleihen, die den nahezu unerreichbaren Anspruch erfüllen, gleichzeitig ahnungs-, boden- und zweifellos zu sein.

Nächster Drohnenzwischenstopp bei Michel Foucault. 14. Januar 1976, Paris. In ganz Europa toben Orkane und Springfluten, heftige Schneefälle, krasse Wetterkapriolen. Im warmen Hörsaal beginnt Foucault seine Vorlesung. Ganz langsam und behutsam faltet er einen neuen politischen

Machtbegriff aus. »Die Macht übt sich als Netz aus, und über dieses Netz zirkulieren die Individuen nicht nur, sondern sind auch stets in der Lage, diese Macht zu erleiden und auch sie auszuüben; sie sind niemals die träge oder zustimmende Zielscheibe der Macht; sie sind stets deren Überträger. Mit anderen Worten, die Macht geht durch die Individuen hindurch, sie wird nicht auf sie angewandt.« Das ist neu: Der Einzelne steht der Macht nicht mehr gegenüber, sondern ist mit seinen diskursiven Aktionen und Gesten ihre eigentliche Wirkung. Foucault verlagert Macht und Gewalt von oben nach unten, verteilt sie auf die Vielen, die wiederum als Überträger fungieren. Man könnte fast sagen: Foucault stellt die jahrhundertelange machttheoretische Zuspitzung auf den Souverän auf die Füße einer individuell-diskursiven Perspektivendifferenz der Vielen. Es geht ihm darum, die Macht »von den Herrschaftstechniken und -taktiken her zu analysieren«.

Ich nehme meinen ganzen Mut zusammen, stehe von meinem Klappsitz im Hörsaal auf und stelle dem Meisterdenker die Frage: »Hey, Michi, wäre die Metapher des Netzes nicht auch übertragbar auf das machtdilemmastrapazierte Eltern-Kind-Verhältnis?« Er schaut mich verwundert an und schickt mich mit einem Nix-da-Zeigefinger sofort einige Jahrhunderte zurück. Ich treffe Guillaume de La Perrière, Schriftsteller und Chronist der Stadt Toulouse. 1567, heißer Sommer, seit Tagen steht die heiße Luft, keine Abkühlung in Sicht. »Mein Junge«, Guillaume beginnt leise zu flüstern: »Ein Schiff lenken heißt, Verantwortung zu übernehmen für die Seeleute, aber es heißt zugleich auch, Verantwortung zu übernehmen für das Schiff und für die Ladung; ein Schiff zu lenken heißt auch, auf die Winde und die Klippen, die Stürme und die Flauten zu achten; es bedeutet, einen Zusammenhang herzustellen zwischen den Seeleuten, die man am Leben erhalten, dem Schiff, das man bewahren, und der Ladung, die man in den Hafen bringen muss, und deren Beziehungen wiederum zu all jenen Ereignissen wie den Winden, den Klippen und den Unwettern; dieser hergestellte Zusammenhang charakterisiert die Lenkung (gouvernement) eines Schiffes.« Ich stutze etwas, aber Guillaume kommt in Fahrt. »So auch der Familienvater, der als Erster aufsteht und als Letzter zu Bett geht und im Dienste der Familie über allem wacht.«

Mein Vater, fällt mir umgehend ein, hatte eine diesbezüglich etwas andere Strategie im Blick. Sein Credo: »Solange du das Gymnasium schaffst, bleibst du drauf. Falls nicht, gehst du arbeiten. Es liegt alles an dir.« Neues Spiel von Autonomie und Grenze. Neues Glück. Neue Ängste. Da hätte sich der Guillaume indes eine Scheibe abschneiden können. Ehrlich gesagt habe ich die Spielregel ziemlich schnell kapiert und konnte im Bildungsfahrstuhl tatsächlich bis zum letzten Stockwerk fahren. Gelenkt hat mich dabei aber deutlich mehr meine Mutter. Vokabeln pauken, Nachhilfe organisieren, ein paar Watschen – ups, darf man das noch sagen? Ist bestimmt verjährt. Bildungswetterhahn Kurs Nord. Rückenwind bläst mich in die richtige Richtung. Aus Kindern werden Menschenskinder. Beim Weiterflug ruft mir Guillaume nach: »Denk an die Hummel, sie regiert über den Bienenkorb, ohne dafür einen Stachel zu benötigen.« Ich drehe mich noch kurz um und schüttle den Kopf.

Echte, ehrliche Elternautorität? Schnell fliege ich bei Niklas Luhmann vorbei. Das muss geklärt werden. »Hi Nick, wie sieht's aus?« Der Meistersoziologe lehnt sich zurück und verweist auf das Kommunikationsparadoxon autoritärer Macht, das in etwa lautet: Der Machthaber formuliert eine unangenehme Handlungsalternative, welche die Untertanen zwar kennen, aber beide tun alles, um sie zu vermeiden. »Macht funktioniert nur«, grinst Luhmann, »wenn beide Seiten diese Vermeidungsalternative kennen und beide sie vermeiden wollen. Es funktioniert also nur auf der Basis einer Fiktion, einer nicht realisierten zweiten Realität.« Welcome in Bielefeld! »Und jetzt, Nick, mal ganz ehrlich: Funktioniert elterliche Autorität nicht ganz ähnlich?« Der Meister grübelt, lässt die Antwort aber nicht raus. Ein Glück, dass ich Gedanken lesen kann: »Kinder werden heutzutage genauso belohnt, bestraft, bestochen und beschimpft wie früher.« Ach so, die zweite Realität wird strategisch zur ersten? »Wenn du die Nudeln aufisst, darfst du noch eine Folge Benjamin Blümchen gucken!« Nur wenige Kinder würden diesen Satz selbst formulieren, es ist ein klassischer Eltern-Richtung-Kind-Satz. Wie gesagt: Ohne Opfer keine Täter. Erziehung by Drohgebärde.

Es wird mir immer klarer. Kinder brauchen diesen Machtmumpitz eher nicht. Ihre Lebensform ist radikal auf die Gegenwart bezogen. Ereignisse, Handlungen, Störungen, Kehrtwenden, Aufgeregtheiten, ab ins Abklingbecken. Alles, was des Weges kommt, wird integriert. Jeder Punkt ist Neuanfang und Ende gleichzeitig. In toto: Kindheit ist der permanente Remix von herumliegenden Realitätsscherben, egal ob erste oder zweite Wirklichkeit. Daraus entstehen permanent Innovation und Lernen. Synapsen zünden, glühen und vernetzen sich. Hirn bombardiert Masse. Her mit dem Zündstoff.

Oh, du wunderbare Kindheit! Zeit der kreativen Innovation und Zerstörung. Entkoppelt von Macht- und Sprachspielen. Vernetzt mit dem lauten Klack, Klack neuer Ideen und dem sanften Schlummern weicher Meditationspolster. Scheitern und Gelingen im ständigen Hin und Her. Lachen und Weinen am Scheitelpunkt einer Sekunde. Oh, du wunderbare Kindheit! Wo bist du nur geblieben? So bleibt zum Ende nur die Erkenntnis: Kinder sind die besseren Erwachsenen. Sie sind kreativ, innovativ, belastbar, fehlertolerant und herrschaftsfrei. Moment mal, klingt wie ein HR-Ausschreibungstext in der neuen Start-up-Wirtschaft. Kinder als das bessere Personal für die digitale Ökonomie? Das klingt nach mitten in der Petersilie.

Da biegt plötzlich Janosch um die Ecke. »Schön und gut, Peterle«, redet er mich an. »Doch Sackgasse. Kinder sind noch viel schlauer. Sie haben manchmal überhaupt keinen Bock auf die Noch-mehr-Optionen-und-Möglichkeiten-Welt. Menschenskinder eben.« Endlich *Traumstunde für Siebenschläfer*. »Piezke konnte nichts. Weil er so faul war. Weil er immer nur schlafen wollte. Schlafen und schlafen … weißt du, heute war in der Waldschule der schönste Tag meines Lebens. Denn wir hatten den ganzen Tag Traumstunde.«

Jetzt ist aber »Aus, Sense, Schluss.«

Die Autoren

Kirsten Boie, geb. 1950, ist Kinder- und Jugendbuchautorin und arbeitete früher als Lehrerin. Sie hat über 100 Bücher geschrieben, im Dezember 2019 erhielt sie die Hamburger Ehrenbürgerwürde. Zuletzt erschien *Vom Fuchs, der ein Reh sein wollte.*

Doris Bühler-Niederberger, geb. 1950, ist Seniorprofessorin an der Universität Wuppertal. Zuletzt erschien *Lebensphase Kindheit.*

Peter Felixberger, geb. 1960, ist Herausgeber des *Kursbuchs* und Programmgeschäftsführer der Murmann Publishers. Zuletzt erschien *Deutschland. Ein Drehbuch.*

Birgit Franz, geb. 1966, ist gelernte Buchhändlerin und studierte Kommunikationswissenschaft, Englische Literatur, Geschichte und Buchwissenschaft. Sie arbeitet für Verlage und andere Buchunternehmen und engagiert sich in der Leseförderung.

Monika Führer, geb. 1961, ist Professorin für Kinderpalliativmedizin und leitet das Kinderpalliativzentrum am Klinikum der Universität München. Zuletzt erschien *»Können Sie denn gar nichts mehr für mein Kind tun?« Therapiezieländerung und Palliativmedizin in der Pädiatrie.*

Alfred Hackensberger, geb. 1959, ist Journalist und Autor. Er lebt in Tanger und arbeitet unter anderem als Korrespondent für die *Welt*. Zuletzt erschien *Letzte Tage in Beirut.*

Marita Metz-Becker, geb. 1953, ist Professorin für Kulturwissenschaft an der Universität Marburg. Zuletzt erschien *Gretchentragödien. Kindsmörderinnen im 19. Jahrhundert (1770–1870).*

Armin Nassehi, geb. 1960, ist Soziologieprofessor an der Ludwig-Maximilians-Universität München, Herausgeber des *Kursbuchs* und einer der wichtigsten Public Intellectuals in diesem Land. Zuletzt erschien *Muster. Theorie der digitalen Gesellschaft.*

Christine Nöstlinger, 1936–2018, war preisgekrönte Kinder- und Jugendbuchautorin. Sie lebte in Wien. Posthum erschien *Ned, dasi ned gean do warat. Gedichte.*

Ernst Pöppel, geb. 1940, ist Psychologe und Hirnforscher. Zuletzt erschienen *Dummheit. Warum wir heute die einfachsten Dinge nicht mehr wissen* und *Je älter desto besser* (jeweils zusammen mit Beatrice Wagner).

Luise Ritter, geb. 1989, ist Redakteurin beim Kursbuch. Zuletzt erschien *Vor lauter Stimme (k)ein Subjekt?! Stimme und Subjekt bei Jacques Lacan und Jacques Derrida.*

Anne Röthel, geb. 1968, ist Rechts- und Politikwissenschaftlerin. An der Bucerius Law School in Hamburg hat sie den Lehrstuhl für Bürgerliches Recht, Europäisches und Internationales Privatrecht inne. Zuletzt erschien *Mehr Kinderrechte? Nutzen und Nachteil* (zusammen mit Bettina Heiderhoff).

Gottfried Schweiger, geb. 1980, arbeitet am Zentrum für Ethik und Armutsforschung der Universität Salzburg. Zuletzt erschien *Handbuch Philosophie der Kindheit* (zusammen mit Johannes Drerup).

Till Weitendorf, geb. 1977, ist Geschäftsführer von StoryDOCKS, einem Innovationsunternehmen für multimediales Storytelling für Kinder. Von 2009 bis 2017 war er Geschäftsführer der Verlagsgruppe Oetinger.